당신의 말투를
정리해드립니다

긴장해서 횡설수설하는

당신의 말투를
정리해드립니다

—— 박지훈 지음 ——

이너북
INNERBOOK

통하는 말투는 따로 있다!

언제나 밝고 활기찬 표정으로 사람들을 즐겁게 하는 사람이 있는가 하면, 자신도 모르게 늘 어두운 표정으로 상대방의 기분을 나쁘게 하는 사람이 있다. 표정이 밝은 사람은 대체로 성격도 밝고 적극적인 경우가 많다. 대부분의 사람은 밝고 건강한 이미지를 지닌 사람을 좋아한다.

사실 말도 그렇다. 맞장구도 잘 쳐주고 긍정적으로 말해주는 사람과의 대화는 즐겁지만, 내가 하는 말에 부정적으로 답하거나 대꾸도 하지 않는 사람과는 말하고 싶지 않다.

좋을 것만 같은 관계의 사람들과도 어긋나서 싸울 일이 생기기도 하고, 괴팍해서 마주치고 싶지 않은 상대와도 함께 일해야 하는 상황도 발생하는 게 바로 인생이다. 이럴 때 어떻게 말을 하느냐에 따라 상황이 크게 달라질 수 있다.

어떤 말투로 말해야 주변 사람들과 잘 지낼 수 있을까? 관계를 개선하고 싶거나, 업무상의 자리에서, 혹은 각종 모임 및 만남에서 어떻게 말해야 내 마음을 제대로 잘 전달할 수 있을까?

나는 어려서부터 내성적인 성격으로 말을 잘하는 편이 아니었다. 직장에 다닐 때 크게 사건을 만들고 싶지 않아 부당한 일이 있어도 당하곤 했다. 하고 싶은 말이 목구멍에 차올라도 꾹꾹 참다 보니 마음에 병이 들었었다.

"혀 밑에 도끼가 있어 사람이 자신을 해치는 데 사용한다." 라는 속담이 있다. 말이 재앙을 불러올 수 있음을 뜻한다. 말을 험하게 하는 상대에게 좋은 게 좋은 거라고 생각해서 참고 대하다 보면 내가 나를 지키지 못하는 힘든 상황이 생기기도 한다. 무조건 참는 것이 좋은 것은 아니다. 특히 이렇게 참는 사람들은 대체적으로 집에 돌아가는 길에 "그때 이렇게 말 할걸!" 하고 후회하는 경우가 종종 있지 않던가!

코미디언 박명수가 "가는 말이 고우면 얕본다!"라고 말했던 게 유행어처럼 번진 적이 있다. 나한테 무례한 사람에게 크게 일침을 가하기 어렵다면 솔직하게 자신의 상태를 말해야 한다. 그렇지 않으면 무례함이 지속될 수 있다.

"난 말을 잘 못 하는걸!" 하고 말하는 사람이 있다. 세상에서 가장 쉬운 일은 내 자신을 변화시키는 일이다. 다른 사람이 달라지길 바라지 말자. 이런 사람들은 말만 잘하는 사람 말고, 말도 잘하는 사람을 벤치마킹하자. 어떻게 하면 말을 잘할 수 있을지 매일 조금씩 신경 써보자. 언변과 목소리에 자신이 없다면 온 마음으로 상대의 말을 집중해서 들어보자. 말은 잘하는 것보다 잘 듣는 것이 유리할 수 있다. 굳이 장황하게 말하지 않아도 절제된 말을 통해서도 말 잘하는 사람이 될 수 있다.

나 역시 달라지려고 수없이 많은 책을 읽고, 강연을 찾아다니며 공부를 계속했다. 특히 말 잘하는 사람들을 계속 주시하며 그들을 닮아보려고 노력했다. 그렇게 몇 년 지나다 보니 강연에 설 수 있을 정도로 발전했다. 아주 유창하다고 스스로를 평가하기는 어렵지만, 적재적소에 필요한 말을 적절히 할 수 있게 됐다.

특히 우리말은 선배나 윗사람에게 하는 말과 친구, 동료 혹은 후배들에게 하는 표현이 다르다. 각자의 위치에서 상황에 맞게 말하는 방법을 정리했다. 더불어 사람들 앞에서 설명해야 하는 경우에도 횡설수설하지 않고 잘 말할 수 있는 치트키 역시 덧붙였다.

자기계발 성공플래너

박지훈

contents

대화의 주도권 어떻게 잡을 것인가!

Part 1

대화를 잘하려면
대화가 무엇인지 알아야 한다

직장에서 어떤 말투를 써야 할까?

Part 2

일만 잘하는 상사보다
능력 있는 상사의 말투 가이드

직장에서 어떤 말투를 써야 인정받을까?

Part 3

일뿐만 아니라 두루두루
잘 지낼 수 있는 말투 가이드

Pick 04 신선한 유머로 분위기를 주도하라

세일즈를 하는 사람에게 꼭 필요한 말투란?

Part 4

성공적인 비즈니스를 위한
9가지 대화습관

Part 5

스티브 잡스처럼 PT하는 방법

대화의 주도권
어떻게 잡을 것인가!

대화를 잘하려면
대화가 무엇인지
알아야 한다!

되도록 짧게, 요점만 말하라

짧을수록 강한 인상을 준다.
정확한 말보다 직접적인 표현으로 호소력을 높여라!

대화의 속성을 파악하라

일방적으로 혼자만 떠드는 말은 더 이상 대화가 아니다. 성공적인 대화법은 듣기와 말하기를 7:3으로 하는 것이다. 나보다 상대가 말을 더 많이 하도록 만들어줘야 한다. 그렇게 되면 본인에게 유리한 상황이 만들어진다.

동료들과 좋은 관계를 유지하고 싶다면 말하는 것보다 더 많이 듣도록 노력해야 한다. 사실 남의 말을 잘 들어주는 사람이 더 전략적인 사람이다. 하지 않아도 될 말인데 이것저것 말을 많이 하고 난 뒤에 자기 자리로 돌아오면, 뭔가 허탈하고 후회스러운 기분이 들지 않던가! 말을 많이 하면 상대의 이야기를 들을 기회는 줄어들고 결국 내 속내만 상대방에게 읽히게 된다. 본인은 얻은 게 없는 것 같은 기분이 드는 것이다.

대화의 주도권을 결정하는 것은 대화의 양이 아니다. 말을 많이 해도 한마디만 말한 사람에게 질 수 있다. 적게 말하고도 이기는 대화가 필요하다!

심플하게 말하라

공식적인 회사의 브리핑이나 경쟁사를 상대로 한 프레젠테이션에서 고전처럼 활용되는 법칙으로 'KISSKeep It Simple, Stupid 법칙'이라는 것이 있다. 이 법칙은 단어의 의미 그대로 쉽고 간단하게 누구나 알아들을 수 있도록 말하라는 것이다. 회의 석상이나 비즈니스뿐만 아니라 모든 일상 대화에서 상대방을 설득하기 위한 가장 기본적인 대화의 태도라고도 할 수 있다.

무엇보다 사람들은 본능적으로 남 앞에서 자신을 표현하는 자리에서는 누구보다도 자신을 두드러지게 표현하고 싶은 경향이 있다. 그러다 보면 강연이나 업무 보고 자리에서조차도 간단명료하게 설명하기보다는 온갖 미사여구를 보태 자신을 있어 보이게끔 포장하려는 데 연연하는 사람들이 종종 있다. 이런 태도로는 상대에게 좋은 이미지를 심어주지 못할뿐더러 상대를 설득한다는 건 더더구나 물 건너간 상황이 될 확률이 높다. 간단하고 일목요연하게 정리해서 말해야 할 대목에서 지나치게 미사여구를 남발한다거나 영어나 전문용어를 자신의 의견인 양 펼쳐놓다 보면 상대는 얘기의 핵심을 놓치게 된다. 그러고는 그저 말하는 사람의 얘기가 어서 끝나기만을 기다리는 위험천만한 상황이 되고 마는 것이다.

일상 대화에서건 공식 석상에서건 가장 강력하게 상대를 설득할 수 있는 대화는 쉽고 단순한 표현으로 상대의 귀에 쏙쏙 들어가게 말하는 것들이다. 이렇게 상대가 쉽고도 확실하게 알아들을 수 있는 말들을 하다 보면 상대는 귀를 열고 마음을 열면서 급기야는 말하는 사람의 의도를 충분히 이해하는 단계에 이를 수 있다.

우리의 일상 대화는 모두 설명형이다. 사람들은 한 가지를 말하더라도 수식어를 줄줄이 나열해야만 상대가 쉽게 이해할 것이라는 착각에 자꾸 말을 늘이게 되는 것이다. 장식이 화려한 것일수록 실제 내용은 그렇게 충실하지 못한 경우가 많다. 그러므로 부탁이나 협조의 말은 될 수 있는 대로 짧게 하는 훈련을 해야 한다. 상대의 마음에 강한 암시와 지워지지 않는 인상을 주는 말이란 단지 목소리가 좋고, 말솜씨가 우아하며, 성의가 있는 말이 아니다.

짧으면서 핵심을 찌르는 말이란 오직 대화법을 향상시키는 훈련에서 얻어지는 것이다.

상대방의 작은 변화에도
관심을 가져라

사람들은 자신의 사소한 것에 관심을 두면
그 사람을 특별한 존재로 인정하게 된다!

⋮

인간은 누구나 자신에 대해서 관심이 많다. 그래서 단체 사진이 나오면 자기 모습부터 먼저 찾아보게 된다. 하지만 다른 사람은 당신만큼 당신에 대해서 관심이 없다. 다른 사람의 복장, 헤어스타일, 체형 등 사소한 일에 관심을 두는 사람이 있으면 그 사람에게 호의를 느끼며 그 사람을 특별한 존재로 인정하게 된다.

기분 좋은 칭찬을 하라

우리가 보통 분위기가 좋은 회사라고 말하는 직장에 가보면 직장 내의 직원들끼리 오가는 대화가 그렇게 사사롭고 가족적일 수가 없다.

전 직원이 8명인 조그만 출판사에서 6년째 근무하는 정 과장은 자신의 직장이 그렇게 좋을 수가 없다고 한다. 정 과장은 우선 자신이 하는 편집일이 너무나 마음에 드는 데다가 직원들끼리 조그만 것까지도 잘 챙겨줘서 어떨 때는 집에서 같이 지내는 여동생보다 더 친근하다는 느낌을 받을 때가 한두 번이 아니다.

오랜만에 C컬 퍼머를 하고 회사로 출근했다가 부장님 이하 여자 부하들까지 전부 한마디씩 칭찬의 말을 아끼지 않는지라 업무가 잘 안 될 지경이었다. 출근하면서 부장님 자리를 지나치자마자 "어머, 정 과장, 요즘 연애하나 봐, 그렇게 예쁘게 헤어 스타일을 바꾸면 나는 기죽어서 살겠니." 하고 한마디 한다. 그러자 곁에 있던 광고담당 차 대리가 "과장님, 너무 멋지다. 이제 그렇게 하고 다녀요. 딱 과장님 스타일이네." 하면서 자신의 머리 모양을 부러워하는 칭찬을 들었다.

이처럼 직장 상사와 동료, 부하들이 자신의 사소한 변화까지 꼭꼭 챙겨서 한마디씩 해주니 정 과장은 이 회사가 정말 내 집 같고, 직원들도 가족같이 느껴지지 않을 수가 없다.

물론 회사 분위기가 좋다 보니 업무 생산성도 그만큼 다른 회사에 비해 높을 수밖에 없다.

칭찬과 아부의 차이

막상 칭찬하려다가도 혹시 아부처럼 보이면 어떻게 하지 걱정하는 사람이 있을 것이다. 내가 하고 싶어서 하는 칭찬이지만 남들이 보기에는 아부한다고 할까 봐 못 하는 것이다. 칭찬과 아부는 분명 다르다.

우선 듣는 사람도 말하는 사람도 그 내용을 수긍할 수 있으면 칭찬이다. 사실에 입각한 구체적인 말도 칭찬이다. 말하는 사람과 듣는 사람이 미소 지을 수 있으면 되는 것이다.

반면 칭찬받는 대상만 기분 좋고, 주변 사람들은 고개를 갸웃거린다면 그것은 아부가 되는 것이다. 동기들 사이에서는 놀림을 주는 것이라고 생각할 수도 있다.

칭찬은 상대를 지지하는 언어이기에 칭찬을 잘하는 것도 사람들과 잘 지낼 수 있게 만드는 방법이다. 누구나 장점은 있다. 그 장점을 꼬집어 칭찬하는 노력을 해보자.

위기일수록 긍정적으로 말하라

말로 사랑도 하고 죽임을 당하기도 한다.
말에는 누구도 부인할 수 없는 커다란 힘이 있다.

·
　　·
　　·

　우리가 하는 말은 어느 상황에서 하느냐에 따라서 제각기 다른 감정으로 다가온다. 어느 상황에서 어떻게 이야기하느냐에 따라 듣는 사람이 울고 웃고 감동하다가 절망하기도 한다. 말로 사랑도 하고 죽임을 당하기도 한다. 이처럼 말에는 누구도 부인할 수 없는 커다란 힘이 있다.

　부도 직전의 위기를 직원과의 진솔한 대화를 통해서 극복한 한 중소기업 사장이 있었다. 이 사장의 한 마디 한 마디는 직원들에게 '우리의 최고 기술이 이렇게 사장될 순 없다'는 일종의 오기와 자존심이 담겨 있었다. 세계적인 소프트웨어 기술을 갖춘 유망한 벤처기업의 오 사장은 당시 회사의 위기에 대해서 직원들에게 이렇게 말했다.

　"여러분, 지금 우리 회사는 여러분도 잘 아시다시피 커다란 장애에 부딪혔습니다. 이대로 가다가는 언제 문을 닫아야 할지 모릅니다. 그런데 저는 우리가 지금까지 일군 이 기술과 여러분의 노력이 너무나 아깝습니다. 제게 조금만 시간을 준다면 어떻게 해서라도 외국의 바이어들을 설득해서 우리 기술을 해외 유망업체에 팔 수 있도록 하겠습니다. 그때까지만 여러분의 월급을 30%정도 삭감해야 할 것 같은데 여러분 생각은 어떠십니까? 물론 우리는 세계 최고의 기술력을 갖춘 회사이기 때문에 다른 회사와는 달리 이른 시일에 이 위기를 극복해 낼 수 있습니다. 무엇보다도 우리는 '할 수 있다'는 자신감만 있다면 저도 여러분을 믿고 한번 세계 시장에 문을 두드리겠습니다."

물론 처음엔 반신반의했던 직원들도 너무나 진지하게 위기 극복에 대한 자신감을 피력하는 사장의 말을 믿고 따라주었다. 그 후 힘들고 어려운 시기를 거쳤지만 사장의 장담대로 회사는 자금 위기를 극복하고 동종업계의 선두주자로 다시 우뚝 설 수 있게 되었다.

어려울 때일수록 이야기할 때에 어떤 말을, 어떻게 사용해야 할 것인가를 충분히 생각해야 한다. 생각 없이 함부로 내뱉는 말은 자신의 인격을 깎고 인생을 망치게도 한다.

부정적인 말은 불운을 가져온다

특히 직장에서 무슨 말을 피해야 할지 직장인들은 스스로 잘 알고 있을 것이다. 부정, 거절, 비꼬는 말. 즉, 상대와의 단절을 의미하는 말은 되도록 사용하지 않는 것이 좋다. 가능한 직장에서 사용해서는 안 되는 부정적인 말 몇 가지를 긍정적으로 바꿔서 말하는 습관이 몸에 배게 해야 한다.

가령 '가망 없다'는 '가능하다'로, '못 해 먹겠다'는 '해보겠다', '부당하다'는 '타당하다'로, '실패'는 '성공'으로, '위기'는 '기회'로, '집어치우고 싶다'는 '한번 해보고 싶다'로, '할 수 없다'는 '할 수 있다'라고 말해 보자. 물론 처음부터 잘 되지 않을 것이다.

생각은 말이 되고, 그 말은 행동을 하게 한다. 무의식적으로 힘들다고 말하다 보면 하고 있는 일이 너무나도 힘들어서 하기 싫어지게 된다. 그렇기 때문에 의식적으로 긍정적으로 말하도록 하자.

긍정적 태도를 유지하라

긍정적인 태도로 상대의 마음을 헤아릴 줄 아는 사람은 직장생활에서나 비즈니스 세계에서 자신이 원한 대로 소기의 성과를 올리곤 한다. 그건 아마도 상대를 헤아리는 마음이 상대방으로 하여금 '이 사람은 믿을 수 있는 사람이다'는 확신을 주는 요인으로 작용하기 때문일 것이다. 상대방의 마음을 상하지 않게 하면서 더구나 상대가 눈치채지 못하게 말할 수 있다면 참으로 말을 잘하는 사람이라고 할 수 있다.

외국계 보험회사에서 탁월한 실적을 올리고 있는 김 FC는 누가 보더라도 세련된 차림새와 뛰어난 말솜씨로 고객의 신뢰를 쌓고 있는 우수한 FC이다. 어느 날 김 FC는 보험 관련 일로 자주 찾아가는 한 무역회사에 그날도 어김없이 고객을 찾아갔다. 그런데 그날은 평소 별로 좋아하지 않던 이 회사의 최 대리가 느닷없이 김 FC에게 점심 식사를 제의해 왔다. 그날따라 회사의 여러 사람들과 상담하느라 몸은 파김치가 돼서 한시라도 이 회사를 빠져나가고 싶었던 김 FC였다. 평소 상담만 하고 한 건의 계약도 없었던 최 대리인지라 주위 사람들은 당연히 김 FC가 '다음 기회에'를 선택할 것으로 짐작했다. 그런데 예상과는 달리 김 FC는 선뜻 "최 대리님, 정말이세요. 너무 감사하죠. 그럼 어디서 기다릴까요?" 하면서 너무나 선선히 응하며 사무실에서 나가는 게 아닌가. 물론 그날 일로 최 대리는 김 FC의 보험전도사가 됐음은 말할 것도 없다.

인생을 사는 데는 부정적인 태도보다는 긍정적인 태도가 훨씬 낫다. 말투 역시 마찬가지다.

**Pick
04**

사람의 인격은 말에서 나온다

높은 지성과 인간미가 넘치는 사람의 이야기에선
좋은 향기가 난다.

사람들과 대화해 보면 경쾌하게 말하는 사람이 있는가 하면, 말도 되지 않는 내용을 태연하게 지껄여대는 사람도 있다. 또한 마음에도 없는 소리를 교묘한 화술로 얼버무리는 사람이 있는가 하면 사실을 무시하고 과장된 표현을 서슴지 않는 사람도 있다.

　　이런 사람은 그 자리는 그럴싸하게 넘길 수 있고 상대방을 감동시킨 것처럼 보일 수 있을지라도 머지않아 파탄의 국면이 기다리고 있을 뿐이다.

　　내용이 나쁜 회사는 분식 결산으로 주주를 속이고 거래처를 속이고 세상을 속인다. 말의 분식 또한 같은 것이다. 약간의 과장은 때로는 애교라고 보아야 할 때도 없지 않겠지만 허식은 대개 사람들의 신뢰를 잃고 말의 무게를 없애 버린다.

높은 지성, 풍부한 인간미가 넘치는 사람이 하는 이야기에게 짙은 향기를 느낄 수 있다. 바로 이런 사람이 품위를 갖춘 사람의 말투이다. 그것은 말하는 사람의 체취인 것이다. 그것은 미적인 것, 진실한 것, 선량한 것의 자연스러운 발로다. 그래서 이야기의 맛은 그 사람의 맛이다.

D종합금융의 김 대리는 사내에서 소문난 독서가이자 인격자로 회사에서 인기를 한 몸에 받고 있다. 김 대리는 평소 동료나 직장 상사에게 말할 때면 부드럽고 은근한 어조로 말하거나 상사에게 의견을 제시하곤 해 상대방이 그의 말엔 웬만해선 이의를 제기하지 않는다. 무엇보다도 회사의 여직원들이 자신의 신상 문제나 가정 문제를 곧잘 김 대리에게 상의하러 오는 경우가 많다.

이처럼 사내 직원들이 김 대리를 자주 찾게 되는 이유는 아무래도 평소 박학다식함을 특유의 너그러움 속에 포장해 드러내지 않고 원하는 사람들에게 친절하게 전달해 주는 자상한 말투가 한몫 톡톡히 하고 있다는 것이 주변 사람들의 김 대리에 대한 평판이다. 무엇보다도 김 대리의 따스한 말투 속에 스며 있는 그만의 인품이 듣는 이로 하여금 안정되고 신뢰감 있게 그의 말을 받아들이도록 한다는 것이 김 대리의 말투의 강점이다.

대화의 품격을 낮추는 질문

말하는 사람의 향기는 어떻게 멋지게 이야기할 것인가 보다 어떻게 바르게 살아가는가 하는 데서 우러나오는 것이다. 흔히 자기를 내세우기를 좋아하는 사람들이 상대를 처음 만났을 때 잘 쓰는 상투적인 말이 있다.

"혹시 어느 대학 나왔어요?"

"사는 데는 몇 평인가요?"

"전 직장에서 연봉은 얼마나 받았나요?"

정말이지 처음 만난 상대방이 거북스럽게 느끼는 곤란한 질문들이다. 이런 질문을 툭툭 던지는 사람은 처음부터 상대에 대한 배려의 마음보다는 상대를 곤란하게 해서 자신이 대화의 주도권을 잡겠다는 얄팍한 의도밖에는 없다.

사실 특별히 의도가 있어서 이런 질문을 하지 않더라도 소위 SKY대학을 나왔거나 강남의 타워펠리스 정도 사는 사람이라면 묻지 않아도 자연스럽게 자신의 얘기를 꺼내게끔 되어 있다. 그러니 제발 이런 얄량한 태도로 상대방을 주눅 들게 만드는 화법은 절대로 하지 말자. 이건 대화를 빙자한 상대에 대한 모욕에 가까운 질문들이기 때문이다.

그것보다는 상대를 향한 따듯한 칭찬으로 상대의 마음을

변화시키도록 해보자. 가령 상대방이 마음 졸여야 하는 콤플렉스를 거꾸로 칭찬해서 상대에게 '내가 당신에게 정말 호감을 두고 있다'는 느낌이 전달되도록 해보자. 눈이 무척 작은 사람에게 "○○씨는 속눈썹이 정말 예술이에요."라고 말한다거나, 작은 키의 소유자에게 "○○씨는 가슴이 그렇게 단단하고 넓어 보일 수가 없네요. 정말 남자다워요."라고 말한다면 상대는 기분 좋게 마음을 열고 당신의 말에 귀 기울여 줄 준비를 할 것이다.

말의 품격을 높이자

흔히 말로 하는 자기 표현에는 인간성이 문제 된다고 한다. 인간미 넘치는 품위가 있어야 한다고 말하면 '나는 태어나면서부터 그런 것과는 거리가 멀어'라든가, '나 같은 사람에게서 어떻게 품위 있는 말이 나오겠느냐'고 비꼬거나 지나치게 자기를 비하해버리는 사람들이 있다.

인간성을 그렇게 고정적인 것으로 생각할 필요는 없다. 이보다 훨씬 다이내믹한 동태로써 파악해야 한다. 그런데 사람의 행동은 생리적으로나 심리적으로 스스로 좋아하는 것을 향하는 방향으로 나아간다. 힘의 근원, 행동의 유인이 되는 것은 인간의 욕망이다. 아름다움에 대한, 진실한 것에 대한, 선량한 것에 대한 인간의 욕망이 있다. 여기에 답하는 것이 품위의 근원이라고 할 수 있다.

들는 사람에게 아픔을 느끼게 하는 말은 물론이며, '듣기 싫은데……' 하고 얼굴을 돌리게 하는 이야기나, 일방적으로 상대를 몰아붙이는 태도 등은 결코 품위 있는 대화가 아니다.

아무 말 하지 않아도 기품을 느끼게 하는 사람도 있다. 그러한 사람은 복장에서도 품격이 느껴진다. 품위란 끊임없이 닦여진 그 사람의 인간미이며, 매너이며, 인격인 것이다.

상대의 말에 맞장구를 쳐줘라

말하는 사람의 의도를 더욱 빛나게 하는 것은
바로 듣는 사람의 적극적인 자세에 있다.

・
　　・
　　・

　　"손뼉도 마주쳐야 소리가 난다"라는 속담이 있다. 좋은 대화
는 이렇게 서로 주거니 받거니 하면서 소리를 내야 한다. 어쩌
면 좋은 대화는 잘 말하고 잘 대응하는 동전의 양면과도 같은
것이다. 말하는 사람이 열과 성의를 다해서 열변을 토하고 있
는데 듣는 사람은 성의 없이 먼 산이나 쳐다보고 있다면 그 대
화는 보나 마나 형식적인 대화에 그치고 말 것이다.

　　대화에서는 이처럼 상대의 의도를 적극적으로 끌어내기
위해서 맞장구가 필요하다. 맞장구를 칠 때는 화자의 문제를
캐묻겠다는 식의 질문이 아니라 화자의 말에 힘을 실어주는
리듬감 섞인 어구가 좋다. 다시 말해서 화자가 말하는 바를
더 잘 말할 수 있도록 중간마다 "아, 그렇군요", "그래서요",
"왜 그렇죠?" 등의 일종의 추임새와 같은 말들을 덧붙여주는

것이다. 말하는 사람의 의도를 더욱 빛나게 하는 이는 바로 듣는 사람의 적극적인 자세에 있다. 좋은 청자는 귀나 몸만이 아니라 입까지 사용한다는 점을 잊지 말자.

다양한 상황에서 맞장구치는 노하우

말하는 사람이 더욱 흥이 나서 말에 신바람을 불어넣을 수 있는 맞장구에는 동의를 표하는 맞장구와 유도하는 맞장구, 의문을 나타내는 맞장구, 격려의 맞장구, 감탄의 맞장구 등이 있다.

먼저 동의를 표하는 맞장구에는 "그렇지.", "물론이지", "그래, 맞아." 같은 표현을 써 상대방이 더욱 힘을 받아 이야기를 계속하게 한다.

유도하는 맞장구에는 상대가 이야기할 때 상대에게 바짝 다가가서 "그래서", "그리고 어떻게 됐어?" 같은 표현을 써 말하는 사람이 본격적으로 이야기의 핵심으로 다가설 수 있게 한다.

의문을 나타내는 맞장구는 말하는 사람의 의견이 다소 모호하거나 이해하기 어려울 때 "정말", "어째서", "그럴까" 같은 표현으로 말하는 사람의 의견을 다시 한번 환기시키는 역할을 한다. 그러면 화자는 자기가 한 말을 돌이켜보고 좀 더 다른 방향에서 이야기를 진행시키게 된다.

격려를 표하는 맞장구는 말하는 사람이 의기소침하게 말할 때 "그렇게 될 거야.", "맞아 너니까 그렇게 했겠지.", "잘될 것 같은데 왜." 같은 표현으로 상대의 말에 격려해주는 것이다. 이러면 상대는 자신의 속사정까지 털어놓으며 좀 더 마음을 열고 말할 수 있게 된다.

감탄을 표하는 맞장구는 "정말 잘됐다.", "놀랐어." 같은 표현으로 상대가 자신이 자랑하고 싶은 일을 얼핏 비출 때 적극적으로 대응해 주어 화자의 기분을 한층 좋게 만들어주는 표현 방법이다.

상대의 인격을 존중하는 맞장구

설득하는 데 있어서 가장 중요한 일은 당신의 의사를 전달하여 상대의 동의를 얻는 것이다. 하지만 그에 못지않게 중요한 것은 상대로부터 정보를 얻는 것이며, 상대로부터 더 많은 정보를 얻는 것이 설득의 능력이라고 할 수 있다. 설득할 때 상대가 계속해서 자신의 정보를 당신의 의도대로 털어놓을 수 있도록 협력해야 한다. 다시 말해 상대가 말을 잘 할 수 있도록 맞장구를 치라는 것이다.

"뛰는 말에 채찍질하라."는 속담처럼 상대가 자신의 속마음을 보일 수 있도록 격려하면, 격려를 받은 상대는 당신의 배려에 감사하여 자신이 하고 싶은 말을 차분히 조리 있게 다 털어놓을 것이다.

그러나 이때 당신이 조심해야 할 것은 상대와 호흡을 맞추는 동류의식을 갖는 일이다. 따라서 어조도 상대와 맞추어 조절해야 하고, 언어의 질이나 내용도 상대와 잘 조화를 이룰 수 있는 수준으로 맞추어야 한다.

방송에서 유명한 MC들은 대화 상대에 따라 순간적으로 판단하여 그 사람의 수준에 맞는 질문과 응수를 한다. 그 출연자가 무엇을 말하고자 하는가를 재빨리 감지하여 끝말을 맞받아서 계속 말을 하도록 한다. 맞장구는 짧을수록 좋다.

소포클레스는 맞장구에 대해서 이렇게 말했다.

"짧은 말에 더 많은 지혜가 담겨 있다."

맞장구란 한마디 말로서 백 마디 이상의 효과를 얻을 수 있는 신비한 언어이다. 적절한 응대는 대화를 풍부하게 이끌고 더 나아가서 인간적인 유대를 돈독하게 하고, 서로의 인격을 존중하고 있음을 느끼게 한다.

서로의 인격을 존중하고 있다는 것을 느끼게 되면, 서로의 의식에 공감대가 형성되고 꺼리던 상대와도 허심탄회하게 대화를 할 수 있게 된다.

듣는 사람은 우선 말하는 사람의 말을 긍정적으로 받아들이는 자세가 필요하다. 또한 듣는 사람은 말하는 사람의 말투에 호응해 적극적으로 대응해 줄 필요가 있다. 말하는 사람의 말에 아무런 대꾸 없이 무조건 귀 기울인다고 해서 좋은 대화가 오갈 리 만무하다. 말하는 사람의 의도에 무덤덤하게 아무런 대꾸도 하지 않는다는 것은 대화에 마침표를 찍는 일이 될수도 있다.

만일 당신이 동료에 대해서, 혹은 현재 추진하고 있는 어떤일에 대해서 알고 싶은 것이 있다면, 그 상승 곡선이 떨어질즈음 기름을 살짝 부으면 된다.

"그랬군, 그런데 그건 어떻게 되어 가고 있는 거지?"

"아, 나도 이런 방법이 낫다고 생각했는데⋯⋯."

이런 표현과 표정이 상대방의 목소리에 힘을 실어준다. 듣기는 상대방에게 자신이 스스로 편안한 약자가 되었다고 인정하게 만드는 가장 효과적인 대화법이다.

토론에서 꼭 이겨야 할 필요는 없다

토론의 목적은 언쟁이 아니라 동의를 얻는 데 있다.

동료들과 이야기하다 보면 서로가 '옳다'고 생각하는 부분에서 정면으로 부딪칠 때가 있다. 그러다 결국 대화는 곧 격한 언쟁으로 발전한다. 이렇게 되면 이기든 지든 씁쓸한 뒤끝만 남기 마련이다. 가능한 한 의견이 대립해도 상대를 이기려고 하는 자세는 피하는 게 좋다.

토론의 목적은 언쟁이 아니라 동의를 얻는 데 있다. 그럼에도 격한 언쟁으로 서로 등을 돌려버린다면 이는 본말이 전도된 것이다. 서로의 의견이 팽팽하게 맞서 냉랭한 기운이 감돌기 전에 당신이 해결의 실마리를 찾아보자.

최상의 토론은 무승부로 유도하는 것

우리가 일상에서 말할 때는 여러 가지 대화법을 상황에 맞게 선택해 대화하게 된다. 대화에는 여러 방법이 있지만 그중에서 가장 권하고 싶은 대화법은 대화를 무승부로 유도하는 방식이다. '당신의 의견도 옳고 내 의견도 옳다고 생각한다.'라고 일시적으로 매듭을 짓고 결론은 다음 기회로 넘긴다. 이렇게 하면 상대방은 마음속으로 '내 의견을 옳다고 인정해 주었으니 그 사람 의견도 맞을지 모른다.'라는 생각이 들어 한 걸음 양보하게 된다.

다음으로 대화를 현명하게 이끄는 방법은 스스로 자신의 의견을 꺾는 방법이다. "과연 그렇군요. 제가 틀렸어요. 당신 생각이 옳습니다."라고 깨끗하게 물러나 본다. 그러면 격한 논쟁을 각오했던 상대방은 '이상한데?'라고 생각한다. 이 '이상한데?'라는 의문이 '어쩌면 이 사람의 생각도 옳을지도 모른다.'라는 생각을 불러오는 계기가 된다.

마지막으로 화제를 완전히 다른 쪽으로 돌리는 방법이 있다. "왜 그렇게 생각해?"라는 질문을 반복하면서 서서히 화제를 다른 방향으로 유도한다. 이 방법은 우선 시간을 두고 냉정해지는 편이 낫겠다고 생각할 때나 의미가 없는 의견 대립이라고 생각되는 토론에 효과적이다.

토론에서 상대와 의견 차이가 나면 우선 어떤 부분에서 차이가 나는지를 확인한 후 핵심 부분을 재차 질문하는 것이 순조롭게 토론을 하는 방법이다.

상대에게 질문할 때는 이렇게 묻는 것이 좋다. "○○님의 의견에 대해 의문 나는 부분이 몇 개 있는데 물어봐도 되겠습니까?"라고 먼저 양해를 구한다. 그 후 상대의 의견과 차이 나는 부분에 대해서 묻는다. 이때 질문은 두세 가지로 세분화시켜 묻는 것이 좋다.

상대방과 견해가 다른 내용에 대해서는 한 번 더 확인한다. 그런 다음 상대방의 요구도 수용할 방법을 모색하면서, 서로 받아들일 수 있는 의견을 확인하면서 상대의 다른 점과 비슷한 의견을 서로 수용해 나가는 것이 좋은 토론이다.

지는 것이 이기는 것

미국의 전 대통령 오바마는 민주당 후보 경선대회에서 매번 힐러리와 치열한 토론을 벌였다. 당시 민주당 내 분위기는 보잘것없는 경력의 흑인 젊은이보다는 연륜과 경력에서 월등히 앞서는 백인 여성에게 압도적인 우세가 점쳐지던 때였다. 오바마는 힐러리와의 어려운 싸움에서 예상외로 쉽게 승리를 거두었다. 그는 천국과 지옥을 오가는 피를 말리는 토론에서는 별로 재미를 보지 못했다. 토론에서 이긴 적도 손에 꼽을 정도로 드물었다. 그러나 그는 상대를 깍듯이 대하며 반듯하고 깨끗한 인물이라는 평판을 얻어내며 결국 민주당 대통령 후보가 되는 데 성공했다.

다른 사람보다 우세하지 않으면 뭔가 손해 보는 듯한 기분이 들어 불안할 수도 있지만, 인간관계는 계속 이어지는 것이다. 긴 안목으로 보면 그때그때의 토론에서 지더라도 자신에게 돌아오는 이익은 오히려 많아진다. 중요한 것은 서로의 자존심에 상처를 주지 않고 좋은 관계를 유지하면서 성장해가는 데 있다.

시간이 지나면서 주위 사람들은 상대방을 배려하는 당신의 마음을 깨닫게 될 것이다. 진정으로 훌륭한 사람은 '져주는 여유'를 아는 사람이다.

Part 2

직장에서 어떤
말투를 써야 할까?

일만 잘하는 상사보다
실력 있는 상사의
말투 가이드

Pick 01

상대에게 충분히 말할 시간을 줘라

의견을 관철시키기 위해서는
상대방에게 충분히 말할 시간을 주어야 한다

요즘 유행하는 말 중에 "라떼는 말이야……"가 있다. 바로 꼰대들이 "나 때는 말이야……" 하고 자기 자랑을 늘어놓는 사람들을 이야기할 때 쓰인다. 부하직원이 생기면 이상하게도 자기가 신입사원일 때는 안 그랬는데 하며 신입사원들을 이해하기 어렵다.

상사인 당신이 할 일은 부하들을 이해하려는 노력이 필요하다. '이해'란 내 입장에서 하는 것이 아니라 상대의 입장이 되어서 하는 것이다. 부하들을 좀 더 이해해줄 수 있는 아량을 가져야 한다. 마음에 안 드는 부분을 바꾸려고 노력하지 말자. 세상에서 바꾸기 가장 쉬운 것은 '나' 자신을 바꾸는 것이다.

자유롭게 말할 수 있는 분위기

부하들과 문제를 공유할 때는 수없이 대화를 나누어야 한다. 때로는 의례적인 회의가 아닌 불꽃 튀는 토론이나 논쟁도 필요하다. 논쟁 중에는 상사가 끼어들어 주도하기보다 부하들이 말을 많이 하게 해야 한다. 이야기를 시작할 때, 이슈, 한두 가지의 대안은 상사가 먼저 말하더라도, 그 문제를 위한 대안은 부하들이 찾게 해야 한다.

눈치를 보지 않고 자유롭게 말할 수 있는 분위기를 만드는 것은 상사의 몫이다. 특히 아이디어 회의할 때 꼭 쓸만한 아이디어를 이 시간을 통해 얻겠다고 부하직원을 채근하지 말아야 한다. 농담 섞인 화기애애한 대화에서 반짝이는 아이디어가 많이 나온다. 당신의 의견을 관철시키기 위해서는 우선 부하직원이 충분히 말하게 해야 한다. 상대의 의견에 반박하고 싶더라도 우선 참는다. 말이 끝나기도 전에 이야기를 중단시킨다면 불쾌감이 더해져 대화는 더욱 어려워진다. 상대방의 능력을 인정해 주고 우월감을 충분히 표현할 수 있게 한 다음 말문을 연다면 좋은 결과를 얻을 수 있다.

업무 속도를 조절하라

신입 직원이 많을수록 일의 속도를 알맞게 조절해야 한다. 너무 격하게 이끌면 힘들어서 포기하게 된다. 물론 일 처리가 늦어지는 직원을 다그치는 건 당연한 일이라고 생각할 수 있다. 처음부터 무조건 다그치면 일의 진행을 그르칠 수 있다. 왜 일 처리가 늦어지는지 원인을 살펴보고 스스로 마감 시간을 지킬 수 있게 권한을 주는 것이 효과적이다.

"무슨 일이 있는 거야?" 하고 물었을 때 "별일 없습니다." 하고 대답할 수 있다. 이렇게 답변을 들었을 때 "표정을 보니 무슨 일이 있어 보이는데, 말하기 어려운 일인 건가?" 하고 마음까지 읽어서 물어준다면 부하직원은 한결 마음을 열게 될 것이다.

Pick 02

부하직원이 말을 시작할 때
주의를 기울여라

성공적인 경청을 위해서는 대화가 시작되기 전에
미리 주의를 집중하라.

독일 작가 미카엘 엔더의 베스트셀러 소설 《모모》는 지구인들의 행복을 빼앗아가는 시간 도둑인 회색 신사에 맞서 지구의 행복을 지키려는 모모와 호라 박사, 카시오페이아 거북의 끊임없는 모험과 상상의 세계를 그린 어른을 위한 동화이다. 이 소설의 주인공 모모는 낡아빠진 헐렁한 셔츠를 입고 까만 고수머리를 까딱이며 사람들이 무슨 말을 하든지 끝까지 잘 들어주는 탁월한 재능을 지닌 현자賢者 꼬마로 묘사된다.

우리가 일상생활에서 대화를 나누며 상대의 말을 주의 깊게 들어줄 줄 아는 사람은 그리 흔치 않다. 그만큼 상대방의 말을 참을성 있게 잘 들어준다는 것은 대화에 있어서 중요한 덕목 중의 하나이다.

좋은 대화는 시선이 중요하다

무엇보다도 부하직원은 상사에게 처음 말을 건넬 때 무슨 말부터 해야 할지 몰라 상사의 눈길을 피하는 경우가 많다. 그만큼 부하는 상사를 어렵고 부담스럽게 생각한다는 의미이다.

자연스럽게 대화를 하려면 상사와 부하가 서로 적당한 위치에서 시선을 마주 보는 태도가 필요하다. 이때 상사는 부하가 첫 말을 뗀 순간부터 그가 무슨 말을 하는지를 주의 깊게 살펴서 들을 필요가 있다. 상사가 부하를 호의적으로 바라본다는 것을 알아차리게 말이다.

존중하라

상사가 부하직원을 존중하고 있는지 부하직원들은 다 알고 있다. 부하직원이 말할 때 시선을 맞추고, 말을 들어주고, 인사할 때 잘 받아주고, 모욕적인 말이나 행동을 삼가는 것 등 이런 사소한 행동에서 부하직원들은 존중받고 있다고 느낀다.

상사가 되어 부하직원들과 좋은 관계를 유지하려면 부하

의 인간성을 존중해주는 것은 기본이다. 상사보다 어리고 경력이 적어 지위가 낮다고 함부로 대해도 되는 관계가 절대 아니다. 부하직원의 장점을 파악하고, 무엇을 좋아하는지 관심사를 알아두어 그에 맞게 대화를 시도해야 한다. 상사가 부하에게 관심이 많다는 것을 알면 겉으로만 따르는 척하다가도 언젠가는 마음마저 온전히 당신을 따르게 될 것이다.

이때 주의할 점은 부하가 어렵게 고민을 털어놓았거나 둘만의 비밀을 떠벌리고 다니지 않아야 한다. 믿을만한 사람이라고 생각해서 한 말을 사내의 모든 직원들이 알고 있다면 그부하는 절대 당신을 따르지 않을 것이다.

Pick
03

반대를 반대하지 말자

말하는 사람의 능력은 질문에 얼마만큼 정확하게
답변할 수 있느냐에 따라 결정된다.

질문은 문제의 핵심을 파악하는 데 결정적인 기능을 하며 인간관계에 있어서도 중요한 역할을 한다. 대화의 기술을 익히는 데 있어서 아주 중요한 원칙 중 하나는 "대화 시작 4분 이내에 질문을 하고, 질문을 받아야 한다"는 것이다.

상사의 부족한 실력으로 인해 부하들의 질문을 감당할 수 없다면 그 자리는 묘한 분위기가 되어버린다. 게다가 질문을 공격으로 받아들여, 감정적으로 반격을 가하는 상사도 있다. 이렇게 되면 질의응답 방식이 도리어 문제가 될 수 있다.

그럼에도 불구하고 질문의 필요성을 강조하는 것은 대화에 있어서 질문은 많은 긍정적인 요인을 가지고 있기 때문이다. 상사도 질문을 받음으로써 자신의 문제점을 확인할 수 있고, 자기의 방식도 평가받을 수 있다. 부하가 질문해주기를 기다리지 않고, 내 쪽에서 적극적으로 질문을 유도하는 경우도 있다.

"지금까지 이야기한 것에 대해 의문은 없나?"

"내 생각에 반대한다거나 문제가 있거나 애매한 곳이 있다고 생각하면 말해주게."

이렇게 질문을 유도할 때 특히 조심할 것은 반대할 거면 이야기하지 말라는 무언의 압박 같은 분위기를 조성해서는 안 된다.

질문에 효과적으로 대처하는 방법

이야기를 이해하기 위해 열심히 귀 기울이는 사람이 있는가 하면, 야유 섞인 질문을 해서 말하는 사람을 골탕 먹이려고 하는 사람도 있고, 알고 있으면서도 짓궂게 질문하는 사람도 있다. 이런 태도는 말하는 사람의 능력을 시험해보려는 의도에서 비롯되는 것들이다.

상대의 이러한 질문에는 어떻게 대처해야 할까? 여기에는 대략 다음의 네 가지 방법으로 대처할 수 있다.

첫째, 질문에 대해 강하게 반문하지 않는다.

반문하면 다음 질문이 나올 수 없을 뿐만 아니라 질문자의 공격적인 반발을 끌어내게 되어 인간관계마저 흐리게 할 위험성이 많다. 따라서 이때는 이런 태도를 보이는 것도 효과적인 대응법의 하나이다.

둘째, 질문자를 나쁜 사람 취급하지 않는다.

"아까 설명했잖아!", "제대로 들었다면 그러한 질문은 나올 수 없지." 등의 질문자에게 면박을 주는 듯한 반응을 보여서는 안 된다. 이런 대응은 그 자리에 있는 다른 부하들에게도 강한 반감을 줄 수 있기 때문이다.

셋째, 질의응답은 논쟁이 아니므로 부하의 질의에 적절하게 반응해야 한다.

큰소리가 나오거나, 감정을 폭발시키지 않도록 해야 한다. 구차하게 자기변명을 하는 발언으로 일관하는 사람이 있는데, 이런 태도도 좋지 않다. 질문자의 말을 솔직하고 겸허하게 들은 다음 냉정하게 답변하는 마음의 여유를 가져야 한다.

넷째, 예상하지 못한 질문이 나오면 부드러운 말투로 생각의 차이를 지적해 준다.

자기 생각과 반대의 발언이 나오거나 예상하지 못한 질문이 나오면 누구든지 조금은 당황하게 된다. 이때 "그런 말도 안 되는 소리를!", "지금에 와서 그런 말을 하다니……."라고 반응하면서 당황하는 본인의 마음을 달래려 하는 사람이 있지만, 이것처럼 서툰 대응은 없다. 그보다는 다음과 같이 말하는 편이 낫다.

"그런 견해도 있을 수 있지만……."

"그렇게 받아들일 수도 있겠지만, 이렇게 생각해보면 어떨까?"

질문은 즉각적으로 나오는 것이다. 상사가 그것에 관해 얼마나 알고 대응하는지 부하직원들은 알 수 있다. 준비를 충분히 해둔다면 당황스러운 상황에서도 적절하게 대답할 수 있다. 오랜 직장생활을 경험한 상사일수록 이런 자리에 익숙해져 있다. 다양한 질문을 받는 일은 상사의 성장을 위해서도 귀중한 자극이 될 것이다.

한 단계 높은 응수로 상대를 제압하라

상대의 판단을 그르치게 하려면 상대가 목적하는 것
이상의 대답을 해주면 된다.

·
·
·

대부분 강자에게 약하고 약자에게 강하다. 상사에게 부당하게 혼이 나서 화가 나거나, 억울하게 오해받아도 그게 아니라며 쉽게 말하지 못한다. 하지만 동료나 부하에게는 쉽게 표현할 수 있다.

부하 역시 문제점을 지적받을 때 상사가 화내고 짜증내면서 말하는 사람보다는 단호해도 부드럽게 말하는 사람을 더 따르게 된다.

전략적으로 화내라

일을 하다 보면 실수를 할 수도 있고 잘못할 때도 있다. 좋은

게 좋은 거라고 계속 넘기면서 회사생활을 할 수 없을 때가 있다. 화도 전략적으로 내야 한다. 조용히 불러 이야기했을 때 잘 듣는 부하가 있는가 하면, 상사의 말실수나 약점을 잡고 집요하게 물고 늘어지는 부하도 있다. 이렇게 되면 대화가 자연스럽지 못할뿐더러 기분이 나빠져 감정적으로 화낼 수도 있다.

대화는 본질적으로 상대적인 것이다. 내가 그럴 의도가 없었는데 상대가 나를 곤란한 지경에 이르도록 자꾸 안 좋은 쪽으로 대화의 흐름을 몰고 가고자 한다면 그대로 앉아서 당할 수만은 없는 노릇이다. 따라서 이런 경우에는 한두 번 부하에게 주의를 주자. 그래도 부하가 달라지지 않는다면 한 단계 높은 방법으로 상대의 논리를 정면으로 반박할 필요가 있다.

아무리 유창한 말주변을 가진 부하라 할지라도 중요한 대화에서 상사에게 의외의 카운터펀치를 맞으면 당황할 수 밖에 없다. 이럴 경우 상대의 대응에 역으로 한 수 더 떠서 대응함으로써 오히려 공격하는 상대를 궁지에 몰리게 만들 필요가 있다. 상대의 집요한 공격에 맞서기 위한 응수화법은 침착하게 상대의 말을 들으면서 그 말이 논리적으로 모순된 부분을 단번에 찌를 수 있는 허점을 발견해 강하게 반박하는 것이다. 상대가 더 이상 반대 논리로 상사에게 재응수할 수 없도록 해야 한다.

화내지 않고도 이길 수 있다

회사에서 화내지 않고 이기는 대응화법에는 직접법과 역전법을 들 수 있다. 직접법은 상대가 결론으로 주장하는 부분에 대해서 근본적으로 잘못된 주장이라고 대응하는 방법이다.

가령 A라는 부하가 "이번에 문제가 드러난 ○○부문의 생산기법은 ××방식으로 바꿔야 합니다."라고 주장하는 데 대해 "○○부문의 생산기법을 ××방식으로 바꿔야 한다는 의견은 이미 작년도 회의에서 ××방식은 문제가 많다고 해서 부결 처리되지 않았나."라고 결론 부분을 반박하는 식이다.

역전법은 상대의 말을 일면 긍정하는 것처럼 말하면서도 결국은 부정할 수밖에 없는 치명적인 문제를 강조하는 방법이다. 가령 어느 회사의 제품 홍보마케팅 방향 회의에서 B가 "지금은 상품의 질보다는 광고가 더 중요하다고 생각합니다."라고 말했을 때, 반대 입장에 서 있는 C가 "물론 말씀하신 대로 광고가 당면 과제인 것은 사실입니다. 하지만 제품에 하자가 있다면 그것부터 고치도록 노력하는 것이 순리가 아니겠습니까?"라고 근본적인 문제를 들어 반대 의견을 제시하는 식으로 말하는 방법을 말한다.

리더가 되라

상사는 자기가 한 일로 평가받는 게 아니라 부하가 한 일로 평가받는 사람이다. 허술하고 실수투성이의 부하직원을 따뜻한 마음으로 계속 품고 가기는 쉽지 않다. 미덥지 못한 부하를 시키느니 상사가 일을 다 해버린다면, 축구 경기에서 선수가 못한다고 계속 감독이 들어가서 경기를 하는 것과 다를 바 없다.

부하에게 권한과 정보를 줘서 일을 스스로 성공시킬 수 있도록 코칭해야 한다. 이게 바로 리더의 역할이다. 권위적인 상사보다는 진정 리더가 되기에 힘써라. 상사가 직접 일 처리를 하면 일이야 빨리 끝나겠지만, 앞으로도 그 일은 상사의 일이 되어버린다. 부하직원의 입장에서는 왜 실수를 하는지, 앞으로도 실수하지 않을 기회를 잃어버린다. 권위적인 상사가 되기는 쉽지만, 진정한 리더가 되는 일은 힘들다. 부하직원을 어떻게 도와줘야 할지 생각하고 결론을 내려, 그에 따른 코칭을 하자.

Pick
05

사실적인 언어를 사용하라

구체적인 사실을 확연히 알 수 있는 언어를 사용해야 한다.

논의가 올바르게 전개되지 않고 논의를 위한 논의로 번지다가 마침내는 논쟁이 되어버릴 때가 있다. 서로 논리적인 면만 강조하다 논쟁으로 불거지게 되면 쌍방이 모두 해결의 실마리를 찾지 못하게 된다. 이런 상황이라도 능숙한 대화 능력을 갖추지 못한 것을 걱정할 필요는 없다. 이때는 오히려 즉시 논쟁의 종식을 꾀할 방법을 강구하면 되는 것이다.

논쟁을 종식시키기 위해서는 논쟁이 자꾸 번질만 한 실마리를 사전에 차단해야 한다. 상대의 말꼬리를 잡고 늘어지는 것 또한 그만하게 해야 한다. 상대의 논쟁하고자 하는 심리를 묶어 논쟁이 계속되는 것을 막기 위해서는 추상적이지 않은 구체적인 언어를 사용해야 한다. 사실적인 말하기가 되기 위해서는 명분이나 이론을 앞세운 언어가 아니라 구체적인 사실을 확연히 알 수 있는 언어를 사용해야 한다. 상대에게 우리 주변에서 흔히 볼 수 있는 일상생활을 예로 들어 추상적인 개념을 사실화시키고 쉽게 이해하도록 해야 한다.

구체적으로 말하는 4가지 방법

우리가 대화에서 구체적으로 말하기 위해서는 어떤 점에 유의해 말해야 할까? '구체적으로 말하는 4가지 방법'에 대해서 살펴보기로 하자.

첫째, 실물을 보여준다.

실물 교육에서는 진짜 칼로 무엇인가를 베는 것과 같은 박진감이 느껴진다. 모형을 사용하는 것은 실물 교육을 응용한 것이다.

회사에서 직원들에게 기계의 조작법, 작업의 순서 등을 가르칠 때도 실물 교육을 활용하는 경우가 많다. 신입사원들은 우선 어느 정도 이론을 마스터한 다음 현장에 나가서 직접 작업하면서 실습 교육을 받는다. 이 방법은 상당한 효과가 있다. 실물 교육은 단순히 이론을 알게 되는 것뿐만 아니라 기술을 익힌다는 점에서도 효과적이다. 세일즈맨이 고객에게 상품을 보여주는 것도 이에 해당된다. 직접 상품을 보는 것은 상품 구매에 강한 설득력을 갖는다. 백화점 상품이 잘 팔리는 것은 물론 신용 때문이기도 하지만 실물에 의한 비교가 가능하기 때문이다.

둘째, 사진이나 그림을 보여준다.

글로 표현해야 좋은 경우도 분명히 있다. 시나 노래 등에서 느껴지는 깊이나 여운은 글이 아니면 제대로 표현할 수 없다. 사실적으로 보여준다는 점에서는 사진이나 그림이 훨씬 효과적이다. 점심시간에 배달되는 도시락 선전용 광고지가 컬러 인쇄되어 있고, 라디오 방송보다 텔레비전 방송이 훨씬 더 설득력을 갖는 이유도 여기에 있다.

셋째, 도표·통계를 보여준다.

도표나 통계를 사용하면 한눈에 비교할 수 있다는 장점이 있다. 특히 물리적인 크기와 넓이를 통해 단순·명쾌하게 그 차이를 알릴 수 있다는 이점이 있다. 이해만이 아니라 '역시!' 하는 느낌을 준다는 점에서 설득력이 크다고 할 수 있다. 간혹 숫자에 약해 도표나 통계를 좀처럼 이해할 수 없다고 말하는 사람도 있지만, 사실 도표나 통계만큼 효과적인 표현 수단은 없다.

넷째, 실례를 인용한다.

추상적인 이야기일수록 구체적인 예시를 들어주면 훨씬 알기 쉬워진다. 실물을 보여줄 수 있다면 좋겠지만, 이야기의 내용에 따라서는 감각에 호소할 수 없는 것도 있다. 이러한 경우 실례는 추상적인 이야기를 뒷받침해주는 중요한 기능을 하는 것이다.

Pick 06

누구나 잘하는 것 한 가지는 있다

전략적 칭찬을 통해 상대방의 장점을 더욱더 극대화하게 하자.

수많은 학자와 종교인들은 한결같이 "미소를 지으며 마음을 다해 칭찬하면 돌부처도 돌아앉는다."라고 주장한다. 사람의 마음에는 기가 통하기 때문에 내가 싫어하면 상대편도 나를 싫어하고 내가 좋아하면 상대편도 나를 좋아하게 마련이다. 따라서 싫은 사람을 칭찬하면 그도 머지않아 나를 좋아하게 될 것이다. 싫은 사람이 칭찬을 해주면 적개심을 가진 사람에게 칭찬받았다는 안도감과 그동안 자기 혼자서 상대편을 싫어했다는 죄책감을 동시에 갖게 된다. 반대로 보이지 않는 곳에서 싫은 소리 하는 사람이 많으면 저주를 받아서 될 일도 잘 안 된다. 예로부터 사람들이 남의 입에 오르내리는 것을 싫어하는 이유도 그 때문이다.

일을 못 하는 부하직원들을 칭찬하는 일은 쉽지 않다. 하지만 모든 사람은 각자의 탤런트가 있다. 장점을 파악해 그 장점을 칭찬해보자.

사람들이 내가 보지 않는 곳에서 칭찬을 많이 하면 나에게 좋은 기가 많이 모여서 어려운 일도 저절로 풀린다. 미신 같은 말이지만 수많은 종교인과 학자들이 말이 품는 독기와 축복에 대해 이미 많은 연구 결과들을 내놓았다.

전략적인 칭찬으로 효과를 극대화하라

스티브 잡스가 하루라도 빨리 매킨토시를 개발할 필요를 느끼고 있던 어느 금요일이었다. 퇴근 시간이 다 되어서 새로운 컴퓨터 기판이 배달되었다. 담당자는 퇴근 시간이 얼마 남지 않았기 때문에 기판 조립을 월요일에 하려고 했다. 그러자 스티브 잡스는 금요일 밤 안으로 조립을 완성하면 담당자가 좋아하는 파인애플 피자를 사주겠다고 했다. 담당자는 몇 시간 후에 기판 조립을 완료하고 파인애플 피자를 먹을 수 있었다.

어느 개발자는 스티브 잡스에게 도저히 정해진 일정을 맞출 수 없다고 했다. 이 개발자는 스티브 잡스가 화를 낼 것으로 기대했는데 반대로 부드러운 목소리로 개발자와 팀 전체를 칭찬하는 것이었다. 개발자는 스티브 잡스가 제시한 기일을 정확히 지켰다. 이것이 전략적 칭찬이다.

다음의 전략적인 칭찬을 통해 기왕의 격려해 주는 상대가 칭찬의 효과로 더욱더 성장할 수 있도록 해보자.

첫째, 머뭇거리지 말고 아낌없이 칭찬한다.

칭찬은 상대 중심의 커뮤니케이션이다. 따라서 칭찬하는 사람이 머뭇거리며 칭찬을 망설이게 되면 제대로 칭찬할 수가 없다. 상대를 칭찬할 때는 과감하게 아낌없이 칭찬을 해주는 것이 효과 만점의 칭찬법이다.

상대에게 신뢰를 확인할 때는 "당신이라면 괜찮아!"라고 칭찬하고, 상대에게 자신감을 불어넣기 위해서 "처음이라고는 못 믿겠어."라고 칭찬하면 된다.

둘째, 입장을 바꿔서 지금까지와는 전혀 다른 방식으로 칭찬을 해줄 필요가 있다.

이를 통해 상대가 지금까지의 생각을 다른 각도에서 다시 생각해 볼 수 있는 계기를 마련해 주도록 한다. 가령, 반대되는 이야기로 효과를 높이기 위해서는 "너무 잘하지 마!"라고 칭찬하면 되고 마이너스라고 생각되는 조건을 플러스로 전환시키기 위해서 "바쁜 자네니까 이렇게 부탁하는 거야!"라고 칭찬하는 방법이 있다.

셋째, 칭찬받는 사람도 미처 몰랐던 부분을 칭찬한다.

남으로부터 자주 칭찬 받는 사항을 또 칭찬하면 별로 고마운 느낌이 들지 않는다. 칭찬에는 세심한 주의력과 관찰력이 요구된다. 이때는 스스로 장점을 깨닫게 하기 위해 "자네 몰라보게 달라졌네!"라고 칭찬할 수 있다.

넷째, 상대의 능력을 강조해 스스로 그 일에 자부심을 갖도록 유도한다.

"여러 가지 고려한 결과…… 자네밖에 이 일을 할 사람이 없는 것 같아."라든가 "역시 보는 눈이 달라.", "미처 몰랐어.", "과연", "자네라면 할 수 있다!" 등의 표현이 있다. 이는 칭찬받는 사람을 자극해 더욱더 분발할 수 있는 계기로 삼기 위해서다.

Pick 07

상대의 공감을 얻으려고 노력하라

아름다운 대화는 상대를 존중해주며
화기애애하게 공감하는 것이다.

대화하면서 상대에게 협력이나 동의를 구할 때 가장 먼저 신경을 써야 할 부분은 상대를 기분 좋게 만드는 것이다. 이를 위해서는 여러 가지 방법이 있을 수 있겠지만 그중에 상대의 말에 동감을 표시하고 감탄을 나타내는 것이 효과적인 방법의 하나이다.

특히 협력을 얻기 위해서 대화할 때는 화자話者와 청자聽者가 서로 감정의 일치를 봐야 한다. 이것을 심리학에서는 공감대라고 하는데 이는 서로의 감정 이입이 원만하게 이루어졌다는 것을 의미한다.

문제는 어떻게 하면 상대와 공감대를 형성할 수 있는지다.

감동을 주는 공감대화

협조를 구하는 설득의 대화 역시 먼저 상대의 말에 공감하는 척하는 심리기법이 필요하다. 이러한 공감적 대화가 진행되는 과정에서 상대 역시 자신이 받은 감동의 대가만큼 당신에게 성의를 표하게 된다.

서로 간에 감정의 일치가 이루어지면 감정의 이입과 이월의 단계는 쉽게 이루어진다. 상대 말에 공감하는 척하는 말로는 다음과 같은 것이 있다.

"아, 그렇군?"

"놀랍네."

"어휴!"

"저런, 큰일 날 뻔했군."

이런 말들은 대부분 상대의 말에 전적으로 공감을 표시하는 말이다. 이런 말들을 무의식적으로 받아들이면 상대와의 거리가 좁아지고 공감대 형성이 쉽게 이루어질 수 있다.

이런 공감대 형성은 세일즈에서나 비즈니스 협상에서도 중요한 성공 요인이 된다.

좋은 대화의 시작은 관심과 배려에서

아름다운 대화는 말하는 사람이나 듣는 사람이 서로의 마음을 활짝 열고 상대를 존중해주며 화기애애하게 공감하는 대화일 것이다. 여기서 가장 중요한 포인트는 바로 서로에게 공감할 수 있는 내용과 함께 마음이 작용해야 한다는 것이다. 사실 어떤 사람과 처음으로 대화를 하게 되면 말하는 사람이나 듣는 사람 모두 어색하고 서툰 상태에서 서로에게 낯선 분위기가 말하는 내내 튀어나오게 되어 있다.

상대를 경계하는 빛이 역력해 허리를 곧추세우고 상대에게 바짝 다가간다거나, 두 손을 자기도 모르게 꼭 쥔 채 미간을 잔뜩 찌푸리고 '저 사람이 무슨 꿍꿍이속으로 이 말을 하나' 하는 경계심 가득한 태도를 보이게 된다. 그러다가 상대에 대한 경계가 사라지고 낯선 느낌들이 사라지면서 차츰 서로의 말에 공감하고자 하는 태도로 발전하게 된다. 이렇게 상대방이 관심을 두고 있는 주제에 같이 맞장구를 쳐주다가 이야기를 맺는 방식의 대화로 나아갈 때 진정한 '공감의 대화'가 가능한 것이다.

좋은 대화를 나누기 위해서는 상대에 대한 관심과 배려의 마음이 필요하다. 그런 의미에서 평소 무슨 일에도 별 흥미를 느끼지 못하고 매사에 부정적으로 생각하는 사람은 결코 좋은 대화를 나눌 자격이 없다. 이런 성격의 사람이라면 오늘이라도 스스로 긍정적으로 사고하기 위한 훈련을 해야 할 것이다. 이를 위해서는 우선 상대에 대해서 가급적 열린 마음으로 접근할 수 있게끔 스스로를 긍정적인 마인드로 무장할 필요가 있다. 또 다양한 주제에 관심을 갖는 연습도 게을리 하지 말아야 한다.

말하는 사람이 어떤 주제의 이야기를 하든 나름의 관심과 흥미를 표명하기 위해서 다양한 기삿거리를 숙지하고 각양각색의 취향과 전문지식을 갖춘 잡지나 책 등을 평소에 꾸준히 읽을 필요가 있다. 무엇보다도 머리에 든 게 많아야 상대가 무슨 얘기를 해도 적극적으로 그 분야에 대해 관심을 표명할 수 있기 때문이다.

Pick
08

더불어 살려면 '우리'를 자주 사용하라

우리가 되기 위해서는 목표를 공유해야 한다.

⋮

우리는 세상을 살아가면서 독불장군식으로 혼자서 모든 일을 처리할 수는 없다. 자신이 아무리 뛰어난 재능을 갖춘 사람이라고 할지라도 일을 진행하는 것은 주변의 다른 사람들과 함께하는 것이다. 사회생활을 잘하기 위해서 우리는 직장에서는 상사나 동료, 부하직원의 도움을 받거나 도움을 주기도 한다. 또한 친지나 학교의 선배와 후배 등의 긴밀한 관계 속에서 역시 도움을 주고받으며 사회의 일원으로서 자신의 역할을 다하게 되는 것이다.

사정이 이렇다 보니 조직에서의 단체생활에서 유독 '우리'라는 말이 강조되고 조직원 간의 단합이나 화합을 권하는 언어생활이 직장생활에는 많은 부분을 차지한다.

목표를 공유하라

감성적인 성향이 강한 우리나라 사람에겐 '우리'라는 연대감은 효과적인 무기이다. "우수한 역량을 지닌 '우리 직원'들의 헌신적인 노력이 오늘의 좋은 결과를 이루고 말았습니다. 우리는 여기에 만족하지 말고…", "우리 동문들이 십시일반 뜻을 모아…." 등 '우리'라는 단어가 들어간 말을 많이 듣고 있고, 사용하고 있을 것이다.

특히 개인적인 성향이 강한 부하직원들과 일할 때, 처음에는 '우리'라는 단어를 거북해 하는 부하들도 있을 것이다. 이런 부하들에게는 본인과 부하와의 공통적인 부분, 함께 이뤄내야 하는 목표를 공유하자. "우리가 함께 성공을 만들어 보자!" 하는 이야기를 종종 하다 보면 부하는 자기가 상사의 신임을 받고 있다고 느끼게 되고, 업무에 좀 더 충실히 하려고 노력할 것이다.

무엇보다 중요한 것은 진심이다

말하는 곳에는 반드시 듣는 사람이 있다.

대화에서 가장 중요한 것은 무엇일까? 그건 바로 말하고자 하는 의도를 상대가 제대로 이해하도록 말하는 것이다. 그러기 위해서는 기본적으로 상대에게 맞춘 말하기가 필수적이다. 말하는 사람은 그 말을 들어주는 상대가 없다면 굳이 애써서 자신의 주장을 피력할 이유가 없다. 말을 들어주는 상대방이 있기 때문에 말을 하는 내가 존재하는 것이다. 나 또한 상대방의 말을 들어주어야 한다. 즉, 말하는 데 있어서 상대방을 서로 존중하고 배려해야만 말이 말로써 가치를 지니는 것이다.

예상하고 말하기

무역회사의 한 과장이 바이어와 상담이 길어져 예정보다 늦은 8시경에 회사로 돌아왔다. 직원들이 다 퇴근하고 없을 시간이라 사무실에 아무도 없을 거라고 예상하고 들어갔는데 부하직원이 그 시간까지 남아 있었다.

부하가 밖에서 돌아오는 과장에게 "과장님, 수고하셨습니다."라고 인사를 건네자 과장은 무심코 "아직 안 갔어? 지금이 몇 시인데?" 하고 대꾸했다. 그러자 그때까지도 미소를 띠며 생글거리던 부하는 '아직도 사무실에 남아 있어서 죄송합니다'라는 말투로 "이제 막 나가려던 참이었어요. 실례 많았습니다." 하며 그간의 미소는 온데간데없이 토라진 표정을 지으며 획 사무실을 나가버렸다. 과장은 부하의 돌변한 태도에 무슨 영문인지를 몰라 한참을 부하의 뒤를 보다가 한마디 했다. "제가 나한테 왜 저러지. 늦게까지 남아 있어서 수고한다고 한 말인데…… 도대체 요즘 젊은 친구들은 무슨 생각으로 직장을 다니는지 모르겠어!"라며 아무도 없는 사무실에서 홀로 상한 기분을 달래고 있었다.

사람들은 대개 자신의 의도가 언제나 상대에게 제대로 전달됐으리라고 생각하고 상대의 반응과는 무관하게 자신의 생각만 한다. 말한 사람의 의도를 어떻게 받아들일지는 듣는 사람이 생각하기 나름이다.

만약 이럴 경우에 과장이 부하직원에게 "아니, 아직까지도 일하고 있었어."라든가 "아직도 나를 기다린 거야. 미안한걸." 하는 정도로 부하에게 말했더라면 부하도 다른 반응을 보였을 것이다. 듣는 사람의 반응을 예상하면서 조금이라도 배려가 담긴 말을 한다면 상대도 말하는 사람을 존중하면서 서로 간의 긍정적인 대화가 오갈 수 있었을 것이다. 이처럼 듣는 사람을 존중하면서 자기 생각이 그대로 전해지도록 말하는 사람이 바로 말을 잘하는 사람이다.

설득의 기술

"대화는 마음의 보다 즐거운 향연이다."

호메로스가 한 말이다. 대화는 즐거운 것이며, 즐겁게 해야 한다는 뜻이다. 즐겁게 대화를 할 때 상대를 설득하기도 쉬운 것이다. 그러면 어떻게 해야 즐겁게 대화할 수 있을까?

대화를 즐겁게 하기 위해서는 공통된 관심사를 찾는 노력을 통해 상대방의 수준에 맞춰야 한다. 상대의 마음을 사로잡아 설득시키기 위해서는 "저 사람은 나와 통하는 게 있어."라는 느낌을 주는 게 중요하다. 동질감만큼 상대의 닫힌 마음을 여는 수단은 없다. 말은 쉽지만 동질감을 상대방에게 주는 것은 어려운 일이다. 우리가 만나는 사람은 저마다 고유의 개성을 지니고 있기 때문이다. 아침에 만났던 사람이 트로트 뽕짝을 좋아했다면, 저녁에 만난 사람은 차이콥스키, 라흐마니노프를 즐길 수도 있다. 그만큼 관심사는 개인 간의 격차가 크다. 타인의 모든 관심사를 다 알 수는 없다. 하지만 대화하는 상대방의 이야기에 진심으로 관심을 기울인다면 그 진심은 통하게 되어 있다.

Part 3

직장에서 어떤 말투를 써야
인정받을까?

일뿐만 아니라
두루두루 잘 지낼 수 있는
말투 가이드

Pick 01

평소에 호감을 사도록 하라

상대의 호감을 사는 데 가장 좋은 방법은 바로 인사하기이다.

인간에게는 이성(합리)적인 면도 없지 않지만, 극히 불합리한(비이성적인 또는 감성적인) 면도 있다. 특히 우리들의 행동은 이성적인 것과 동시에 좋은 감정, 나쁜 감정에 지배되는 경우가 많다. "무슨 말인지는 알겠지만 그 사람의 말이라면 고려해 볼 것조차 없다."라고 한 발자국도 움직이려 하지 않던 사람도 자기가 좋아하는 사람의 말에는 "아. 그래! 자네 말이라면…"하고 간단히 OK 해버린다. 전자는 평소에 말하는 사람에 대해 좋은 감정을 갖지 않고 있는 것이며, 후자는 말하는 사람에 대해 호감을 느끼고 있는 것이다.

사소한 관계의 차이

C신문사 경제부에서 10년째 근무하는 김 차장과 사회부에서 근무하는 최 차장은 서로가 너무나 대조적인 직장인들이다. 김 차장은 평소 해박한 경제 지식을 바탕으로 능수능란하게 자신의 업무를 처리함에도 불구하고 후배기자들은 그에게 작은 것에서부터 사사건건 이견을 제시할 때가 많다. 김 차장이 후배기자에게 지시하는 업무가 분명히 논리에 맞는 일인데도 불구하고 후배기자는 김 차장의 지시를 받기를 무척 꺼린다. 그건 아마도 김 차장이 평소에 자신의 기사만 튀게 하려고 하고, 자신만이 유력한 취재원을 독점하려는 욕심을 너무 드러내 후배기자들이 김 차장을 껄끄럽게 생각하고 있기 때문이다.

반면에 최 차장은 아직도 선배기자에게 기사에 대해서 추궁을 당할 때가 있을 정도로 신문사에서 자기 밥그릇을 잘 찾아 먹지 못하는 위인으로 소문이 나 있다. 그런데 어찌 된 일인지 최 차장이 후배기자에게 같이 취재를 가자고 하면 이상할 정도로 후배기자가 선선히 따라나서곤 했다. 평소 최 차장은 후배기자가 부담스러워하는 취재를 대신 나가는 일이 많고, 자신만 앞세우기보다는 후배의 의견에도 귀를 기울여 후배가 제안하는 일을 잘 처리해 주곤 했다. 최 차장은 평소 선배들에게 추궁도 자주 받지만 우직하게 열심히 일하는 스타일이어서 많은 일을 맡게 된다. 무엇보다도 그를 '형님'처럼 따르는 후배들이 많아 최 차장은 기자 생활이 즐겁기만 하다.

인사부터 잘하자

앞의 사례에서도 알 수 있듯이 평소 그 사람이 어떻게 처신했는지에 따라 화자의 말에 수긍을 잘하는 사람과 그렇지 못한 사람으로 명확히 구분되곤 한다. 평소에 자신에게 호감을 느끼도록 상대를 자기 편으로 만드는 것이 사회생활에서 성공할 수 있는 지름길이라고 할 수 있다. 어떻게 호감 있는 사람으로 변할 수 있을까? 가장 빠른 지름길은 무엇일까?

그건 바로 타인에게 당신의 좋은 이미지를 심어주는 것이다. 상대가 당신에게 호감을 느끼도록 만드는 좋은 이미지에는 어떤 것이 있을까? 타인과의 첫 대면은 한마디 말, 바로 상대에게 건네는 인사에서 비롯된다. 무엇보다도 평소에 상대의 호감을 사는 데 가장 좋은 방법 중 하나가 바로 인사하기이다. 옷차림이 아무리 후줄근해도, 첫인상이 별로 안 좋았다고 하더라도 늘 변함없이 먼저 인사를 건네던 사람이라면 우선 그 사람은 인사성 바른 사람, 예의 바른 사람으로 한 수 높은 평가를 받고 시작하게 된다.

상대방이 나를 잘 몰라도 먼저 다가가서 인사를 하는 사람은 그 분야에서 마당발이 될 수 있다. 늘 웃으며 큰소리로 먼저 인사해 보자. 그 대상은 이해관계를 떠나서 '모든 사람'이라고 생각하는 편이 좋다. 말 한마디에 긍정을 담는 것은 어려운 일이 아니다. '누구에게나 내가 먼저 다가가서 고개를 숙이고 웃으며 큰소리로 인사한다'는 지론을 갖고 있으면 된다. 처한 상황과 상대방의 지위고하를 막론하고 인사는 평판을 바꿔놓는다.

말할 때 눈빛, 손짓, 몸짓도 신경 써야 한다

행동이 형식을 만들어가지만 형식 또한 행동을 이끌어 간다.

．
．
．

　대화에서 화자話者의 말하는 내용이 꽃의 향기라면, 화자의 말하는 태도는 꽃의 생김이다. 말하는 사람의 말하는 내용에 진실이 가득 담겨 있다 해도 표정이 무관심하고 덤덤하다면 그는 상대에게 호감을 줄 수 없다. 말과 표정은 대화의 진도에 커다란 영향을 끼친다.

　대화에서 이야기에 진실이 어느 정도 담겨 있는지 짐작할 수 있는 척도는 말하는 이의 태도에 달려 있다. 태도는 대화를 구성하는 중요한 요소 중 하나이다. 말하는 사람은 항상 '입뿐만 아니라 신체도 말하고 있다'는 점을 명심하고 말해야 한다.

　현대에 이르러 보디랭귀지는 점점 더 대화의 중요한 부분으로 자리 잡고 있다. 보디랭귀지는 학문적으로는 '키니식스

kinesics'라 하여 원래 정신의학, 특히 심리요법 분야에서 중시하는 부분이다. 정신의학에서 쓰이는 키니식스는 정신과 의사가 환자와 만날 때 환자의 신체에서 엿보이는 증세와 환자의 입을 통해 나온 말을 조화시켜 치료한다는 뜻의 용어이다.

말과 표정이 따로따로이면 상대의 의혹을 사게 될 여지가 다분하다. 반대로 이와 같은 사실들을 잘 활용하면 상대의 마음을 쉽게 붙잡을 수 있다. 말과 태도를 일치시키는 것은 특별히 어려운 일이 아니다. 이야기에 따라 표정이 바뀌거나 몸짓에 변화가 오는 것은 당연하다. 그런데 이 당연한 것을 실행하지 못하는 이유는 흥미와 관심을 북돋을 생각만 할 뿐 말이 전달되는 과정은 염두에 두지 않기 때문이다. 이것은 훌륭한 연설의 비결이 자연스러운 표정과 몸짓에 있다는 기초적인 사실을 이해하지 못한 데서 나온다.

흔히 익숙하게 변명을 늘어놓는 사람일수록 능청스러울 정도로 몸짓이 요란하다. 훌륭한 무사의 칼 놀림이 요란하지 않듯 조용하면서도 언행이 일치되는 태도면 충분하다.

적당한 눈높이를 유지하라

우리가 상대방과 대화를 한다고 하면 보통 말하는 사람의 입에 주목하게 될 것 같지만 실제 말하는 상황에서는 눈이 입만큼이나 많은 메시지를 담고 있다. 말하는 사람의 시선이 어디를 보고 있느냐에 따라서 듣는 사람은 상대의 말을 평가하는 기준이 달라지게 된다.

무엇보다도 상대의 말을 잘 듣기 위한 에티켓 중의 하나가 말하는 사람의 눈을 뚫어지게 쳐다보지 말라는 것이다. 사람은 한 군데에만 시선을 집중해 말할 수 없기 때문에 오래도록 말하다 보면 자연히 시선이 흔들릴 수밖에 없다. 말하는 상대를 뚫어지게 쳐다본다는 것은 다른 말로 말하는 사람의 의도를 오해하고 있다는 표현일 수도 있다. 그렇다고 말하는 사람을 외면해서도 안 된다.

따라서 말하는 사람과 듣는 사람은 어느 정도 일정하게 상대를 쳐다보는 것이 중요하다. 또한 상대에게 신뢰를 주기 위해 말하는 사람이 강조하는 내용은 상대를 직시하면서 동의를 해줄 필요가 있다. 즉 대화 도중에는 말하는 사람의 얼굴이나 입, 옷매무새 등을 두루 바라보면서 말하는 사람이 편안하게 말할 수 있도록 배려를 해야 한다. 가끔 말하는 사람의 발언 내용이 중요한 부분이라고 생각하면 말하는 사람과 시선을 마주치면서 동조를 해주어야 한다.

힘 있는 목소리로 말하라

사람의 목소리에는 그 사람의 진심, 나아가 인생이 담겨 있다. 정감 있는 목소리를 내라. 메시지의 전달에 있어 목소리가 38%를 차지하며, 표정이 35%, 태도가 20%, 내용은 겨우 7%밖에 차지하지 못한다. 특히 전화상에서는 음성이 82%의 중요도를 차지하지만 말의 내용은 18%의 중요도밖에 띠지 못한다. 이것은 얼굴을 보고 대화하든, 전화로 대화하든 말의 내용보다 음성이 더 중요하다는 뜻이다. 결국은 화려한 말의 내용보다 따뜻한 음성이 더 마음을 파고든다는 의미이다.

단어는 쉽게 바꿀 수 있지만, 음성에는 고스란히 감정이 배어들기 마련이다. 결국 음성이 따듯하려면 진심으로 상대방을 좋아해야 된다.

내용과 함께 음성에 신경을 써라. 바탕이 고와야 그 위에 장식을 해도 멋지게 보이는 것처럼 음성은 대화의 밑그림이며 기본이다. 가장 따뜻하고 진실한 목소리를 내기 위한 최고의 방법은 상대를 진심으로 좋아하고 존경하는 것이라는 점을 잊지 말자!

실제로 대화할 때 상대는 당신을 지켜보고 있다. 당신의 일거수일투족에 주목한다. 즉 당신의 이야기는 들려지고 있는 동시에 보여지고 있는 것이다. 그리고 상대는 청각보다 시각에 훨씬 강렬하게 자극받는다. 라디오보다 텔레비전이 훨씬 강한 인상을 주는 것도 그 때문이다.

사람들은 먼저 당신의 걸음걸이를 보고 '저 사람은 당황하고 있군, 좋은 내용은 기대하기 힘들겠는데⋯⋯.' 하고 평가하거나, 당신이 사람들 앞에 서 있거나 의자에 앉는 모습을 보고 '침착하군. 이야기를 잘하겠는데⋯⋯.' 하고 평가한다.

말하는 내용에만 온 신경을 집중한 나머지 자세가 주는 영향을 생각지 못하는 사람이 너무나 많다. 따라서 당신이 이야기를 시작하기도 전에 듣는 사람은 당신의 자세를 보고 이야기의 수준, 신뢰할 수 있을 내용인가의 여부를 정해버린다는 사실을 잊어서는 안 된다.

당당하게 말하라

처음으로 많은 사람 앞에 서서 말하는 장면을 생각해보자. 손은 주머니를 뒤지다가 머리를 쓰다듬기도 하며 다리를 떨고 몸 둘 바를 몰라 한다. 이것은 모두 불안의 표현이다. 듣는 사람들이 말하는 사람이 자신이 없다고 판단하거나 평가해버리더라도 뭐라 말할 수 없는 상황이다. 이쯤 되면 내용이 아무리 훌륭하다 하더라도 듣는 사람 편에서는 그 말을 신뢰하고 싶은 기분이 들지 않는다. 내용과 자세가 일치하지 않기 때문이다.

사람들 앞에서 이야기할 때는, 속으로 아무리 당황하고 걷잡을 수 없는 불안감이 엄습하더라도 겉으로는 절대로 이를 나타내지 않아야 한다. 그러면 점차 마음이 가라앉아 제대로 이야기할 수 있다는 자신감을 갖게 될 것이다. 자세가 바로잡히면 저절로 이야기도 바로잡힌다. 자세가 마음을 다스리기 때문이다.

이것은 비단 자신을 정비할 뿐만 아니라 듣는 사람에게도 '저 사람은 든든하다. 이야기도 잘할 것이고 그 내용 또한 신뢰할 수 있을 것임에 틀림이 없다'라는 기분을 느끼게 한다. 이것은 이야기뿐만 아니라 인간의 모든 행동에 적용되는 인간관계의 원리이다. 행동이 형식을 만들어가는 것이지만, 형식 또한 행동을 이끌어간다는 사실을 잊지 말아야 한다.

야구 타자가 슬럼프에 빠져 있을 때는 반드시 자세가 흐트러져 있다. 그러나 좋은 배팅이 나올 때는 반드시 자세가 바로잡혀 있다. 좋은 자세는 무리 없이 신체의 힘을 발휘시키며 보기에도 아름다운 법이다. 자신 있는 자세를 취함으로써 저절로 이야기에도 자신이 생기게 된다.

성공하는 말투의 조건

인상 깊게 이야기할 수 있는 지는
말을 잘하는 사람인지 아닌지를 가리는 중요한 기준이다.

이성은 냉철한 머리를 말하지만, 감성은 따뜻한 가슴을 의미한다. 이성은 복잡하게 계산하고 따져서 질서를 잡지만, 감성은 물 흐르듯 부드럽게 모든 것을 감싼다.

사람의 마음을 움직이는 데는 이성보다는 감성이 유리하다. 사람들은 따지고 분석하고 계산하는 일을 잘해야 성공에 유리하다고 생각한다. 그러나 그것은 반드시 갖춰야 할 필요충분조건이라기보다는 취사선택이 가능한 필요조건이다.

대화에서 그보다 더 큰 힘을 발휘하는 것은 상대방을 배려하고, 동정심을 느끼고 감싸주는 감성이다. 감성은 옳고 그름을 따지는 가치가 아니다.

상대방을 잘 이해하기 위해서는 대화 도중 감정 이입이 중요하다. 감정 이입을 충분히 잘하면 상대에게 감동을 준다. 감

정이입은 경청과 비슷한 것으로 내 입장에서 이해하는 것이
아니라, 상대의 감정 및 상태에 들어가는 것, 즉 입장을 바꿔
놓고 생각하는 것이다.

감성적 말투를 전략적으로 사용하라

말을 능수능란하게 구사한다는 것은 말하는 사람의 의도
가 상대의 머리와 가슴속에 그대로 꽂히듯이 파고들 정도로
사실적이고 직접적인 표현을 쓰는 것을 뜻한다. 상대의 마음
에 와닿는(심금을 울리는) 이야기, 상대의 가슴에 돌을 던지는 이
야기는 상대를 흔들어 놓는다. 그런 이야기가 결국 상대방의
마음에 오래 남게 된다.

이성적인 말하기보다 감성적인 말하기를 중요시하는 것
은 바로 화자가 말하고자 하는 의도가 듣는 이에게 '인상적으
로 남게 하기' 위해서이다. 우리가 흔히 "저 사람의 말은 인상
적이었어." 내지는 "정말 가슴에 딱 와닿는 이야기야."라고 할
때의 말이 바로 듣는 사람에게 남는 언어의 잔상이다. 이처럼
'인상 깊게 이야기할 수 있는지'의 여부는 말을 잘하는 사람
인지 아닌지를 가리는 중요한 기준의 하나이다.

듣는 사람이 아무리 쉽게 들을 수 있는 이야기라도 말하는 사람의 감정이 실려 있지 않으면 아무래도 말하는 사람의 의도는 100% 전달되지 않는다. 여기서 말하는 사람이 하고자 하는 얘기에 감정을 싣기 위해서는 목소리에 억양을 싣는다거나 말하고자 하는 내용에 묘사를 많이 한다거나, 얘기하면서 점점 기승전결 식으로 클라이맥스로 이야기를 끌고 나가는 대화법이라고 할 수 있다. 이렇게 감정을 실어서 말하면 듣는 사람은 말하는 사람의 의도를 효과적으로 이해할 수 있게 된다.

상징적 표현의 중요성

감성적으로 말한다는 것은 언어상황을 일목요연하게 정리해서 말하기보다는 듣는 사람이 언어상황을 이미지로 받아들일 수 있게끔 구체적이고 상징적으로 표현하는 것을 의미한다. 화자가 말하고자 하는 상황을 그림처럼 선명하게 말할 수 있다는 것은 말처럼 그렇게 쉬운 것이 아니다.

어느 직장에서 월요일 점심에 직원끼리 식사를 하면서 일요일에 한 일들을 말하는 자리였다. 한 직원이 "어제는 모처럼 잠실구장에서 야구를 보고 왔습니다."라고 말했다. 이 말은 얼핏 보면 사실적으로 말한 것 같지만 자세히 들어보면 이 말처럼 추상적인 말도 없다. 똑같은 언어상황을 두고 한 직원은 "어젯밤 잠실구장에서 6시부터 시작된 LG와 기아의 빅매치에 갔어요! 홈구장인 LG쪽 1루 스탠드의 응원단장 석 바로 뒤에서 치어리더의 응원에 호응해 신나게 구호를 외치면서 재미있게 보고 왔습니다."라고 표현했다면 어떨까. 누가 듣더라도 이 사람이 어젯밤 잠실구장에서 어떤 상황에서 어떻게 응원했는지가 그림처럼 그대로 연상되지 않겠는가.

마찬가지로 "이제 봄이 왔으니 꽃이 예쁘게 피어나겠지요."라는 표현보다는 "봄이라서 그런지 요즘 매일 이용하고 있는 3호선 경복궁역에서 내리면 경복궁으로 가는 길에 쭉 늘어선 개나리며 진달래, 철쭉꽃이 노랗고 빨갛게 울긋불긋 수를 놓으며 거리를 아름답게 물들이고 있어서 그 길을 지나칠 때마다 좋아요."라고 하면 훨씬 선명하게 눈 앞에 펼쳐진 이미지로 듣는 사람에게 다가오지 않을까.

이렇게 이미지가 연상되도록 말하는 것이 바로 감성적으로 말하는 것이다. 감성적으로 말하는 사람은 듣는 사람이 흥미를 갖고 들을 수 있고 말하는 사람의 언어상황도 쉽게 이해할 수가 있다. 말하는 사람이 어떤 내용을 이야기할 때는 듣는 사람의 머릿속에서 그 장소의 모습이 이미지로 떠오르게 하는 것이 중요하다. 말 잘하는 사람으로 타인에게 인정받기 위해서는 자신이 하고 싶은 말(주제)과 관계있는 부분만 구체적으로 표현해서 이해시키려는 노력을 해야 한다.

신선한 유머로 분위기를 주도하라

유머는 멈춰 선 기계를 다시 돌리는 윤활유와 같다.
사람의 마음을 따뜻하고 여유롭게 한다.

직장인의 표본으로 제시되던 과묵하고 맡은 바 업무만 충실히 하던 샐러리맨의 시대는 갔다. 이제 업무능력은 기본이다. 직장에서 더욱 유능하고 대인관계가 넓은 직장인으로 인정받기 위해서는 유머러스한 면이 갖추어지지 않으면 안 된다. 유머가 직장인들의 필수 덕목이 될 수밖에 없는 이유는 유머러스한 직장인이야말로 직장 선후배 간의 관계를 더욱 단단히 맺어 줄 수 있고, 리더십을 발휘할 줄 아는 사람으로 자리매김 될 수 있기 때문이다.

어디 직장뿐인가. 가정에서도 무뚝뚝하고 근엄한 표정으로 아버지의 권위를 내세우며 가족을 이끌어가던 아버지는 이제 가족들에게 환영받지 못한다. 시대가 지향하는 바람직한 아버지는 아이들과 함께 친구처럼 지내며 때로는 우스운 얘기로 아이들의 마음의 문을 열 줄 아는 부드럽고 자애로운 아버지가 능력 있는 아버지로 인정을 받는다. 그만큼 권위와 형식보다는 탈권위적이고 자유로운 관계가 요구되는 시대라고 할 수 있다. 친구 사이에서도 좌중을 재미있게 이끌 수 있는 친구가 인기 있고, 이성 간의 데이트에서도 최고의 덕목은 단연코 유머다. 재치 있는 유머는 당신을 센스 있고, 유쾌한 사람으로 인정받게 한다.

발상의 전환

이처럼 대화에서 대단한 역량을 발휘하는 유머란 과연 어떤 특성을 지니고 있는 것일까? 유머는 단지 우스갯소리인가? 아무 데서나 좌중을 웃기기만 하면 되는 것일까?

유머란 시의적절하고 상황에 맞게 구사할 줄 알아야 한다. 한 예로 상갓집에서 농담을 지껄이는 이를 두고 유머러스하다고 칭찬할 수는 없다. 유머란 상황을 정확히 인식하고, 보다 창조적으로 상황을 이끌어나갈 수 있는 발상의 전환에서 비롯된다.

한 부인이 오래된 냉장고를 바꾸기 위해 가전매장에 들렀다. 마음에 드는 냉장고를 구경하기 위해 매장을 서성일 때였다. 매장 매니저로 보이는 사람이 다가와 정중히 물었다.

"무엇을 도와드릴까요?"

"냉장고가 오래되었거든요. 요즘 인기 있는 문이 네 개 달린 최신형 냉장고를 하나 살까 하고요."

"아, 그러세요? 그럼 이쪽으로 오시죠. 제가 안내해 드리겠습니다."

그 부인은 매장 매니저와 함께 여러 냉장고를 살펴보았다. 그리고 매니저가 강력 추천한 냉장고를 이리저리 만져보고 직접 문을 열고 살펴보다가 안쪽의 서랍을 열려고 했는데 몇 번을 잡아당겨도 열리지가 않는 것이었다. 무슨 문제가 있는지 부인은 서랍이 열리지 않자 심리적으로 구매 욕구가 뚝 떨어지고 있었다. 그런데 그때 매니저가 살짝 미소를 지으면서 서랍을 잡아당기는 것이었다.

"제가 이 냉장고 서랍을 하루에도 몇 십 번은 열거든요. 그랬더니 이 녀석이 피곤하다고 파업 중인 모양입니다. 제가 부드럽게 달래야 열리겠는 걸요."

매니저가 재밌게 말하면서 부드럽게 서랍을 잡아당기자 그때까지 꿈쩍도 하지 않던 서랍이 신기하게도 스르르 열렸다. 마치 매니저가 '네 고충을 알겠으니 이제 그만 문을 열라'

는 지시를 알았다는 듯이 말이다. 물론 냉장고 문이 안 열렸던 것은 아마도 전에 구경을 했던 고객이 너무 세게 문을 닫는 바람에 서랍 모서리가 꽉 끼어 있어서였다.

신기한 것은 매니저의 유쾌한 농담에 열리지 않던 서랍이 열렸다는 것보다는 잠시나마 짜증이 났던 그 부인의 마음이 열렸다는 데 있었다.

맞다. 그 고객은 불리한 상황을 재치와 위트로 넘기는 매니저의 대화법에 홀딱 넘어가고 말았던 것이다. 결국 그 부인은 그 냉장고를 사고 말았다.

만약 틀에 박힌 대화의 방식을 깨뜨리는 매니저의 재치 있는 유머가 없었다면 그 부인은 냉장고를 사지 않고 다른 매장으로 발걸음을 돌렸을 터였다. 그만큼 매니저의 유머러스한 한마디는 떨어지던 그 부인의 구매 욕구를 붙들어 매는 효과가 있었다.

여유가 있어야 유머도 나온다

유머감각이 뛰어난 사람은 자신에게 다가오는 어떠한 불리한 상황도 쉽게 극복할 수 있는 긍정적인 사고를 지니고 있다.

한마디로 마음의 여유가 있는 사람이라고 할 수 있다. 직장에서도 유머가 뛰어난 사람은 늘 조직의 활력소 역할을 톡톡히 한다. 유머러스한 사람의 능력이 충분히 발휘될 때는 바로 좀처럼 풀리지 않는 회의석상에서의 답답하고 어두침침한 분위기를 깰 때이다. 중요한 회의로 한참 어색한 침묵이 흐를 때 좌중을 휘어잡는 유머러스한 직원의 촌철살인 같은 한 마디 우스갯소리는 직원들에게 새로운 활력을 주며 자칫 지루할 수도 있는 회의 분위기를 활기차게 만든다. 물론 그 후에는 직원들 사이에서 언제 그랬냐는 듯이 창의적인 의견들이 쏟아져 나오는 것은 덤으로 얻을 수 있는 유머의 긍정적인 효과이다.

우리는 종종 주위에서 유머러스한 사람을 본다. 다른 사람이 하면 기분 나쁘게 느껴질 만한 말도 어떤 사람이 하면 유쾌하게 들린다.

예전에 필자가 Y대학의 사회교육원에서 하는 '스트레스 관리' 프로그램을 들을 때였다. 어느 날 스트레스 해소의 명약으로 '유머를 통한 스트레스 해소법'이라는 제목의 강의를 하면서 당시 인기 있던 유명 개그맨이 강사로 초대된 적이 있다. 이 개그맨은 '스트레스 관리' 프로그램을 듣는 수강생들 앞에서 '유머'라면서 소위 '화장실 유머'격에 해당하는 질 낮은 음담패설과 욕설 등을 아무렇지도 않게 지껄이는(?) 것이었다.

당시 그 강의는 사회적으로 꽤 명망이 높던 지도급 인사들이 수강하는 프로그램이었다. 수강생들은 계속되는 개그맨의 우습지도 않은 저질 유머에 시계만 쳐다보며 어색한 시간을 애써 때우는 기색이 역력했다. 얘기를 계속 듣고 있던 대표 교수는 수강생들의 불편한 심기를 알아채고는 초청강사에게 오늘은 시간이 많이 됐으니 이만하면 됐다며 서둘러 강의를 마치게 했다.

이처럼 유머라고 해서 무조건 '웃기는 데만' 전전할 일이 아닌 것이다. 물론 음담패설도 때에 따라서는 훌륭한 유머 소재가 될 수 있다. 그러나 무엇보다 유머를 소화해 내는 상대의 수준이나 지위, 상황 등도 유머 구사자가 고려해야 할 중요한 조건이다. 또한 같은 유머라도 그 사람의 인품에 따라 전달 방식이 다르고 받아들이는 반응도 달라진다.

유머가 있는 곳에는 '웃음'이 묻어난다. 유머는 멈춰 선 기계를 다시 돌리는 윤활유와 같은 것이다. 사람의 마음을 따뜻하게 하고 여유롭게 한다.

유머관련 서적을 본다고 유머실력이 하루아침에 부쩍 향상되는 것이 절대 아니다. 상황을 언제나 새롭게 바라보고, 의문점을 자유롭게 풀어낼 때 당신의 유머실력은 급등할 수 있다.

Part 4.

세일즈를 하는 사람에게
꼭 필요한 말투란?

성공적인
비즈니스를 위한
9가지 대화습관

Pick 01

귀를 열면 마음도 열린다

듣는다는 것은 마음을 열어주는 것이다.
훌륭한 세일즈맨은 고객의 말부터 듣는다.

．
．
．

　듣는 것이 뭐가 그리 어려우냐고 말할 사람도 있겠지만, 인간은 본래 자기만 말하고 싶은 본능이 있다. 나만 즐겁게 떠들어야 직성이 풀리는 게 인간인지라 남의 말을 들어줘야겠다는 데까지 생각이 미치지 않는 것이다. 그래서 경청은 정말 어려운 대화의 자세이다.

　말한다는 것은 일종의 배설 작용이다. 남에게 이야기해 버림으로써 가슴에 맺힌 감정을 확 풀어버린 경험이 누구에게나 있을 것이다. 그래서 자기의 이야기를 듣게 하고 싶어서 병원을 찾는 사람도 많다고 한다.

　인간은 누구나가 자기를 주장하고 싶어 한다. 자기를 표현하고 싶다는 강한 욕구를 가지고 있다. 이 욕구를 충족시켜주는 상대가 있다면 고마운 존재로 느낄 것이다.

이렇게 본능적으로 자신이 말하는 데만 익숙해져 있는 우리는 남의 이야기를 듣는다는 것이 그렇게 어려울 수가 없다. 그래서 대개 남의 이야기를 듣는 것도 철저히 자기의 입장에서만 듣는 우를 범하고 만다.

말하기 전에 들어야만 한다

우리는 대개 대화의 화제가 자기와 동떨어진 얘기이거나, 관심이 없는 얘기에는 건성으로 듣는 경향이 있다. 또한 자기가 말하고 싶은데도 상대방만 일방적으로 이야기하거나, 말하는 사람에게 호감이 가지 않거나, 이야기가 지루하면 그저 듣는 체하거나 상대방을 무시하는 태도로 들어버리고 만다.

이러한 태도는 말하는 사람의 의욕을 꺾고 그 자존심에 심한 상처를 준다. 듣는다는 것은 마음을 열어주는 것이다. 남의 이야기를 듣는다는 것은 마음의 넓음, 여유의 발로라고 할 수 있다. 상대를 받아들이는 아량이나 애정이 없으면 참으로 좋은 경청자가 될 수 없는 것이다.

그렇다면 상대의 말을 잘 듣기 위해서는 어떤 자세로 듣는 것이 바람직할까?

첫째, 열심히 듣는다.

둘째, 물으면서 듣는다.

셋째, 분명하지 못한 점은 확인하면서 듣는다.

넷째, 어떻게 하면 좋은가, 상대는 무엇을 기대하고 있는가를 생각하면서 듣는다.

대개 말하는 사람은 내용적으로 이야기의 목적을 달성하려는 경우도 있겠지만 양적으로 많이 말하고 싶어 하는 경향이 있다. 따라서 상대의 말을 잘 듣는 사람은 무엇보다도 상대가 하고 싶은 말을 충분히 하게끔 배려하고, 상대의 말에 내가 지금 관심을 기울이고 있다는 태도를 상대가 알 수 있게끔 진지하게 듣는 자세가 중요하다.

듣기에 능숙한 사람이 말도 잘한다

대화란 두 사람이 마주보고 이야기하는 것이다. 눈과 눈을 마주치고, 서로의 가슴을 향해 노크하는 행위이다. 듣기에 능숙한 사람들은 상대방에게 관심을 보이면서 상대방의 의견과 사고방식을 궁금해 한다. 관찰하기도 하고 재해석하기도 한다. 그 과정을 통해 서로의 대화가 환상의 복식조를 이룬다.

이것이 바로 쌍방향 커뮤니케이션이다. 말하기 – 듣기의 순서가 아니라, 듣기 – 말하기의 순서가 된다. 서로 그런 마음가짐을 갖고 있으므로, 대화는 허공이 아닌 상대방의 마음에서 울려 퍼진다.

단언컨대 대화의 주도권은 말을 많이 하는 사람 쪽으로 가는 것이 아니다. 오히려 말하는 사람보다 듣는 사람 쪽이 대화에 대한 해석력이 높다. 이 대화의 핵심은 무엇인지, 결론이 무엇인지, 가장 정확한 판단은 듣는 쪽에서 나온다. 상대방을 정확하게 평가할 수도 있다. 듣기에 열중한 사람은 말하고 싶은 욕망을 배려로 절제하는 것이다. 이 배려는 서로 간에 이루어져야 가장 큰 힘을 발휘한다. 서로 상대방의 이야기에 귀를 기울여보자. 듣기식 대화는 꼬리에 꼬리를 물고 상대방의 마음속 더 깊은 곳으로 향해한다. 서로에 대해 누구보다 잘 알게 되고 마음이 통하게 되는 것이다.

대화의 기본이 되는 1, 2, 3 법칙

대화의 기본은 '1, 2, 3 법칙'을 잘 따르는 데에 있다. 자신이 한 번 말하고, 상대방이 하는 얘기를 두 번 듣고, 상대방의 말에 세 번 맞장구를 치는 것이다. 또한 "사람의 귀가 둘이고 입이 하나인 이유는 듣는 것을 말할 때의 두 배로 하라는 뜻이다."라는 탈무드의 격언도 한 번쯤 새겨들을 만한 말이다.

"'말을 너무 많이 한다'는 비난의 목소리는 있어도 '말을 너무 많이 듣는다'는 비난의 목소리는 들어 본 적이 없을 것이다."라는 노먼 아우구스틴의 말은 대화의 자세가 어떠해야 할지를 단 한 문장으로 정리해 놓은 가슴에 새겨둘 만한 좋은 문장이다.

제대로 듣기 위해서는 귀와 마음, 몸 모두를 열어놓는 태도가 중요하다. 진심을 담아 집중해서 들어야 한다. 아는 내용이라고 단정해 허투루 들어서도 안 된다. 단어 하나에 집착하지 말고 상대가 어떤 것을 말하려고 하는지 상대의 메시지를 전체로 파악하려는 자세로 항상 상대에게 마음을 열어놓는 것이 말 잘 듣는 사람의 기본적인 마음가짐이다.

성공한 사람의 태도를 배워라

주변의 성공한 사람들의 태도를 벤치마킹하라.

：

　매일 전투를 치르듯 고객을 찾아 나서야 하는 세일즈맨들은 회사 문을 나설 때마다 막연한 두려움을 느낀다. 계약을 성사시키지 못했을 때의 두려움, 계약에 급급해 사기 친다는 오해를 받을 것에 대한 두려움 등 비즈니스 현장에서 세일즈맨들이 시시때때로 맞게 되는 어려움은 이루 다 말할 수가 없다.

　헤아릴 수 없이 많은 두려움에서 벗어나기 위해 마틴 루터 킹 목사를 벤치마킹하며 위기를 극복했던 오바마는 주변 사람들에게 기회가 있을 때마다 성공한 사람들의 태도를 벤치마킹해서 따라 해보라고 권하곤 했다. 그만큼 자신이 어려웠을 때 많은 도움이 됐던 방법이었기 때문이다.

　1963년 8월 28일 루터 킹 목사는 워싱턴에 집결한 수많은 군중 앞에서 조금도 두려움 없이 "나에게는 꿈이 있다."라고 외쳤다. 그로부터 45년 후에 오바마는 루터 킹 목사가 했던 것보다 더 큰 목소리로 힘차게 "반드시 우리는 할 수 있다."라고 외쳤다.

성공한 사람들의 공통적인 3가지 자세

우리는 마틴 루터 킹 목사에게서, 오바마에게서 성공한 세일즈맨의 태도를 엿볼 수 있다. 우리도 그들처럼 성공을 주문하듯이 생활 속에서 실천한다면 머지않아 성공의 열매를 풍성하게 거둘 수 있을 것이다. 다음의 몇 가지 자세를 익히며 오바마의 성공하는 태도를 따라 해보자.

첫째, 세일즈에 성공한 사람들의 태도는 언제나 당당하다. 그들은 헤프게 웃지 않는다. 그 자리가 웃어야 할 자리가 아니라면 그냥 평소처럼 무표정하고 진지한 태도를 보인다. 오바마는 자신에게 여러 가지 약점이 있음에도 불구하고 언제나 당당한 모습을 보였다.

둘째, 성공한 사람들은 태도가 세련되면서도 당당하다. 그들은 말할 때나 연설할 때는 언제나 허리를 펴거나 바른 자세를 취한다.

TV에 등장하는 모습이나 대중 앞에 섰을 때 오바마는 항상 허리를 펴거나 꼿꼿한 자세를 취했다. 어깨를 움츠리거나 가슴을 껴안으면 자신감이 결여돼 보이기 때문이다.

셋째, 성공한 사람들은 어떤 문제에 직면해서도 늘 긍정적으로 해석한다. 오바마는 청중들 앞에서나 측근들에게 늘 '반드시 우리는 할 수 있다.'라고 긍정적인 메시지를 보냈다.

실현 가능한 꿈을 꾸는 사람을 쫓아가자

성공한 사람들의 태도를 배운다는 것은 성공한 사람들의 성공하기 전의 꿈을 배운다는 것과도 일맥상통한다. 성공한 사람들은 성공하기 위해 자신만의 특별한 가치를 지닌 꿈을 늘 마음속에 새기고 산다. 꿈을 가진 사람은 자신과 같은 위치에 놓인 사람들과는 다른 말을 하고 다른 행동을 한다. 그들은 난처한 상황에 처하든 즐거운 상황에 처하든 간에 늘 한결같이 삶의 자세가 흔들리지 않는다. 성공한 사람들이 가졌던 꿈은 현실적인 구체성을 겸비한 꿈이었다. 현실성이 담보된 꿈을 포기하지 않고, 꿈을 실현하기 위해 현실을 탄력적으로 살아가는 사람들이 바로 5년 후, 10년 후에 몰라보게 달라지는 사람들이다.

한창 정신없이 업무에 매달리느라 모두가 바쁜 시간. 한번쯤 자기 자리에서 일어나 컴퓨터에 코 박고 일하는 동료 중 유난히 자신만만한 선배, 동료 혹은 후배를 바라보자. 같은 사무실에서 비슷한 일을 하고 있어 다들 그렇고 그렇게 살아갈 것 같지만 그 중에서 10년 후, 20년 후에는 모든 회사 사람과는 엄연히 다른 세계에서 살고 있을 사람이 분명히 있을 것이다. 범상해 보이는 외양 속에 비상한 꿈을 지닌 그 누군가가 바로 성공의 피날레를 장식할 주인공인 것이다. 바로 그 사람의 일거수일투족에 주목하라. 그 사람의 꿈을 현실화시키는 그 범상치 않은 생활의 자세. 그걸 배워서 내 것으로 만들자. 바로 성공에 이르는 가장 확실한 지름길이다.

설득하는 방법은 따로 있다

상대에게 내 패를 다 보여주어서는 안 된다.

교섭과 상담이 빈번히 이루어지는 비즈니스 현장에서는 상대의 'No'를 어떻게 'Yes'로 바꾸어 놓느냐가 성공적인 비즈니스를 위한 관건이라고 할 수 있다. 회사에서도 기획회의나 전략회의를 할 때에는 회의석상에 참여한 고위간부나 직장 동료들의 'No'를 얼마나 설득력 있게 'Yes'로 바꾸어 놓느냐가 회의를 주재하는 발췌자의 능력을 판가름하는 중요한 핵심 포인트 중 하나이다.

그런 의미에서 비즈니스 현장은 'No'와의 전쟁이다. 전력을 다해 상대의 'No'에는 설득의 여지가 없는지, 만일 있다면 그것은 어떤 것인지를 명확하게 파악하는 것이 중요하다.

사회생활을 하면서 늘 부딪치게 되는 상황이 바로 반대 의견을 가진 사람들의 의중을 파악하는 일이다. 비즈니스맨은 늘 'No'를 외치는 상대의 표정이나 말투에서 본심을 찾아내려고 애쓴다.

능력 있는 사람에게 보이는 공통된 자세는 '어떻게 하면 상대의 'No'에 대해 납득할 만한 설득방법은 없을까' 하고 늘 생각한다는 것이다. 'No' 한 마디에 고분고분 따르게 되면 아무것도 시작할 수 없다.

하지만 현실적으로 비즈니스 현장에서는 그 상대가 상사이거나 중요한 거래처이다. 상대의 'No'에 대해 반론을 내세워 감정을 상하게 하기보다 고분고분 따르는 쪽이 나은 경우도 있기 때문에 사이에서 균형을 잘 잡아야 한다.

물러날 때와 다가서야 할 때

비즈니스 현장에서는 밀어붙여야 할지 후퇴해야 할지 판단에 혼란이 오는 상황이 종종 발생한다. 그때 의외로 효과적인 것이 물러난 것처럼 보이게 하는 설득 방법이다.

심리학에는 '자이가르닉 효과zeigarnik effect'라고 불리는 현상이 있다. 러시아의 임상심리학자 자이가르닉에 의해 발견된 현상인데 '중단된 작업 내용은 기억에 잘 남는다'는 것이다.

TV 연속극을 보다 보면 '다음에 어떻게 될까' 궁금한 장면에서 한 회가 끝난다. 그러면 다음 날 혹은 다음 주의 드라마가 몹시 기다려진다. 게다가 지난 회에 어떤 장면에서 끝났는지 정확하게 기억난다. 특히 완결 직전에 중단된 내용은 훨씬 더 기억에 남는다. 이것이 바로 자이가르닉 효과의 확실한 사례이다.

이 '자이가르닉 효과'를 상대방의 설득에 응용하려면, 상대의 'No'에 대해 상대방을 설득한다면서 모든 방법을 상대에게 다 보여주어서는 안 된다. 말 그대로 맛만 보여주어야 이 효과를 제대로 누릴 수 있다. 바로 '여운을 남기고 교섭을 중단하는 효과'를 노리라는 것이다.

예를 들면, 전화 통화에서 자주 사용하는 말로, "자세한 얘기는 만나서 말씀드리겠습니다."라고 한다. 간단하게 용건을 전달하고 상대가 대답을 꺼릴 때에는 "그 밖에도 여러 가지가 있지만, 전화로는 설명하기 곤란하니까 만나서 이야기합시다." 하고 말하는 경우도 있다.

이런 말을 들으면 상대는 '대체 무슨 말을 하려고 그러나' 하고 말하는 쪽에 대해 호기심과 의문을 가진다. 그와 동시에 상대가 전화로 꺼낸 이야기를 되새기게 된다. '지금 당장 대답할 수는 없지만 그리 나쁜 조건은 아닐 거야' 하고 기대하기도 한다.

얼굴을 마주하고 설득할 때도 '아직 다른 뭔가가 있을 거야' 하고 상대가 생각하게끔 만드는 것이 상대를 효과적으로 설득하는 비결이다. 물러나더라도 다음번 만남에 기대를 하도록 만드는 것, 이것이 비즈니스를 성공으로 이끄는 좋은 대화법이다.

효과적으로 호소하라

'새롭다'는 한 가지 이유만으로
충분히 구매의 충동을 일으킬 수 있다.

"선생님만 믿겠습니다."라는 화법은 세일즈 화법 중에서는 좋지 않은 저자세 영업 방법이지만, 영업자들은 지금도 계속해서 이 방법을 사용하고 있다. 사실상 세일즈에 유효한 화법이기 때문이다. 상대를 전적으로 신뢰하면서 처분에 따르겠다는 동의의 저자세를 보이면 고객은 우월한 기분에 사로잡히게 된다.

그러나 이 방법은 잘못하면 독약 이상의 결과를 초래한다. 무엇보다 싫증을 일으킬 수 있다. '거짓 권한을 준다'는 느낌을 주어 불안감을 형성시킬 수도 있고 뻔히 속이 들여다보이는 수도 있다. 게다가 상대로부터 업신여김을 받을 수 있으므로 자신도 없고 확신도 없을 경우에는 바람직한 화법이 아니다.

하지만 여전히 "당신만 믿는다."라는 말은 인간적인 면을 중시하는 것이므로 고객의 긴장된 마음을 풀어줄 수가 있으며, 고객도 우월한 기분에 사로잡혀 거절하기 힘든 이점이 있다.

호소를 해야만 하는 3가지 부류의 사람들

"당신만 믿는다."라는 이 '호소의 작전'을 적용시킬 수 있는 몇 가지 경우를 살펴보자.

첫째, 고객이 세일즈맨과 인간적인 유대를 형성하여 안면이 있다거나 이해관계가 있을 때.

둘째, 감정적인 사람이거나 의협심이 넘치는 사람일 때.

셋째, 사회적 지위가 높거나 허영심이 강한 사람일 때.

첫 번째는 잘 아는 사람의 소개로 찾아갔거나 혹은 지난번에 나의 도움을 받았던 사람일 경우이며, 두 번째는 감정적인 사람이다. 예컨대 눈물이 많고 인정이 많아 부탁을 받으면 좀체 거절을 못 하는 사람을 말한다. 마지막 세 번째는 지위가 높거나 허영심이 강한 사람으로서 호소의 방법이 크게 효과를 보는 타입이다. 세 번째 유형에 속하는 사람에게 "선생님 같은 훌륭한 분이 모른 척하시면 어디 되겠습니까?"라든지 "선생님과 같이 멋진 분을 위해 만든 것이니 그저 선생님만 믿겠습니다." 하고 몇 마디 하면 절대로 거절하지 못한다. 이 호소의 작전에 대해 정상의 프로 세일즈맨들은 다음과 같이 말한다.

"세일즈맨으로서 의당 하여야 할 설명은 다 했고 이제 조금만 더 밀고 나가면 될 것 같은데 상대가 망설이거나 할 때 최후의 방법으로 이 말을 하면 성공을 거두는 수가 있다. 그러나 이와 같은 방법은 결코 남용할 것은 못 된다. 상대와 처지에 따라서 다르게 작용하기 때문이다."

즉 호소의 작전이 먹혀드는 상황은 따로 정해져 있다는 것이다. 적어도 이 방법밖에 없을 때 한해 사용해야 한다.

신선한 이미지로 다가서라

호소력과 판매는 상호 보완관계에 놓여 있다. 고객에게 상품을 팔아야만 하는 영업사원이 거만한 자세로 고객에게 성의없는 태도로 상품을 판매한다면 그 사원에게 무엇을 기대할 수 있겠는가? 세일즈맨에게는 행동력 이상으로 강한 호소력이 요구된다. 호소력이 없으면 설득이 주효할 수 없고 세일즈도 이루어질 수 없다. 때에 따라서는 과거의 판매방법과는 전혀 다른 방식으로 상품을 홍보해야 한다. 그러는 사이 고객은 이 세일즈맨에게 신선하다는 이미지를 갖게 되고 그가 영업하는 상품에 마음을 사로잡히게 된다. 이와 같이 세일즈에서 신선한 인상을 주는 것은 판매고와 직결된다.

한편 신선한 '이미지 메이킹'에 실패하는 경우를 살펴보면 질적인 우수성만을 고집하는 경우가 대부분이다. 상품의 질은 일단 구매해보아야 알 수 있는 것이다. 구매가 성립되지 않고는 아무리 최고의 품질이라 해도 증명할 길이 없다.

고객의 구매 욕구를 자극하는 데 내용만으로 어필하고자 하는 것은 무리이다. 현대의 상품전쟁에서는 감각과 지각을 총동원해야만 승리할 수 있다. 구태의연한 것은 쉽게 질린다. 고객의 흥미를 감퇴시키는 요인은 변하지 않은 포장이다.

전문가에 따르면 순도 100%의 순금이 아니더라도 금속 제품의 효과와 수명은 동일하다고 한다. 그런데도 고객들이 순금을 사용했다는 제품에 흥미를 보이는 까닭은 무엇일까? 그건 바로 지금까지 다른 금속을 사용하다가 순금으로 바꾸었기 때문에 '새롭다'는 한 가지 이유만으로 구매의 충동을 일으키는 것이다.

이것을 세일즈 화법에 도입해 보자.

"이번에 이렇게 산뜻하게 바꾸었습니다."

"여지껏 기술이 미비하여 충족시키지 못했던 것을 새로운 기술로 완성시켰습니다."

이 두 문장의 말로도 고객은 충분히 호기심을 일으킨다. 새로운 것은 언제나 주목받게 마련이다.

인간적인 매력을 발산하라

성공한 세일즈맨은 자신만의 인간적인 매력을 판다.

·
·
·

한 세일즈맨이 외국회사의 고객 앞에서 경쟁 프레젠테이션을 한 적이 있다. 그때 고객이 그 세일즈맨에게 이런 얘기를 들려줬다고 한다.

"다른 두 회사도 모두 좋고, 서비스도 비슷했지만 당신에게 인간적인 매력이 느껴져서 선택했습니다."

고객의 마음을 움직이기 위해서는 신뢰, 인간미, 관심, 공감 등을 지닌 인간적인 매력을 짧은 시간 안에 어떻게 발산할 수 있는지가 중요한 요소다. 서로 소통이 이뤄진 후에야 회사의 제품이나 서비스에 대한 메시지가 효과적으로 전달될 수 있다. 고객은 기분 좋게 만드는 기술이 진정한 세일즈 능력이다.

오바마가 미국에서 케네디 다음으로 인간적인 매력을 지녔다고 한다. 그것은 그의 정치 활동은 물론 사회생활에서 사람들로부터 신뢰와 공감을 얻었기 때문이다. 그가 신뢰를 얻을 수 있었던 것은 솔직함과 겸손이 있었기에 가능했을 것이다. 오바마의 설득의 무기는 인간적인 매력이라고 할 수 있다.

적극적인 태도가 중요하다

세일즈맨들은 고객들이 제품을 구매하도록 유도할 때 이성과 감성을 동원한다. 냉정한 이성은 저렴한 가격이나 시간 절약 같은 물질적인 것에 관심을 둔다. 반면 감성은 기쁨, 행복, 편안함 같은 기분에 좌우된다.

여기서 중요한 사실은 구매 결정의 98%가 감정에 의해 판가름 난다는 점이다. 이성이 구매에 미치는 영향은 고작 2%에 불과하다. 더 중요한 점은 거절의 정서는 냉정한 이성에 좌우되며, 구매는 감정적인 동의와 연결돼 있다. 따라서 냉정한 이성으로 거절할 준비가 되어 있는 고객을 감정적인 상태로 유도하여 욕구를 자극해야 성공적인 세일즈가 가능하다. 그렇게 감정적 유대가 생기면 고객들은 싼 게 비지떡이라며 비싼 걸 권해도 무한한 신뢰로 선뜻 계약에 나선다.

세일즈를 위해 제품 소개도 필요하지만 그보다 더 중요한 것은 이처럼 신뢰감을 주는 인간적인 매력을 발산하는 것이다.

그렇다면 그런 매력은 어디서 나올까. 세일즈맨들은 고객을 사랑하는 마음에서 인간적인 매력이 나온다고 말한다. 예의가 없다거나 인간적인 매력을 주지 못한다면 고객과 마음을 연 대화가 어렵다. 고객의 이성만을 자극하기 때문이다. 제품의 지식을 쌓는 것도 중요하지만 일과 고객에 대한 사랑을 통해 인간적인 매력을 만드는 노력이 필요한 이유가 여기에 있다.

세일즈맨이 자신감을 갖기 위해서는 자신이 종사하는 업계는 물론 세계적인 사건 등 여러 분야에 걸쳐서 해박한 지식을 쌓아야 한다. 그래야만 대화를 주도해 나갈 수 있고, 풍부한 화제로 대화를 이끌어갈 때 자신감이 보일 것이다.

성공한 세일즈맨은 고객을 만날 때 언제나 밝은 웃음을 잃지 않는다. 웃음은 하나의 자신감의 표출이기 때문이다. 평소에 친절해야 하고 미소를 자주 지어야 한다. 그러나 너무 헤프게 웃지 말아야 한다. 단정한 태도와 흔들리지 않는 눈빛을 지닐 때 자신감이 나타나게 된다.

사실 소극적인 인간이란 에너지가 결여되어 있는 사람이다. 무슨 일에서나 임하는 자세가 늘 현상유지형이다. 직장인의 92~93%의 사람이 이 타입에 들어간다.

당신은 자신의 행복과 성공을 거머쥘 수 있는 열쇠가 무엇이라고 생각하는가? 그것은 항상 적극적으로 사물을 생각하고, 스스로 일을 만들어나가는 자세이다.

소극적인 사람이 다른 사람들과 똑같이 일하면서 자신의 인생을 개척하고 행복과 성공을 거머쥔다는 것은 무리이다. 남보다 많은 수입을 올리고, 남보다 많은 행복과 성공을 거머쥐려면 스스로 적극적인 인간이 되어야 한다.

한 번뿐인 인생은 돌이킬 수도 없고 다시 살 수도 없다. '인생은 혹독한 자신과의 싸움'인 것이다. 싸움에 반드시 이길 각오로 진지하게 맞서보지 않겠는가? 이런 적극적인 자세로 삶을 대할 때 어려움도 극복할 수 있고 성공을 맛볼 수 있다. 다양한 성공 속에서 더 풍요로운 인생을 살게 될 것이다.

Pick 06

자신에게 투자하라

아무도 대신할 수 없는 나만의 무기를 계발하라

．
．
．

　수많은 세일즈맨들이 정상에 오르지 못하고 중도에 하차하는 이유는 '나는 세일즈맨이니까 세일즈에 대해서 모르는 게 없다.'라고 착각하기 때문이다. 고객에게 다가서기 위해서는 고객들보다 더 열심히 세상의 변화에 대해서, 세상이 돌아가는 데 대해서 공부하고 연구해야 한다. 변화에 발맞추어 기량을 닦지 않고 자신의 경험만 믿고 기존의 방식대로 세일즈를 하면, 경험을 강조하다가 실패한 힐러리처럼 '또 그 나물에 그 밥'이라는 구태의연한 태도만 지적당할 뿐 결국엔 실패한 세일즈맨이 된다.

　선진국형 세일즈맨이 되려면 시시각각 달라지는 지식을 다양하게 받아들여 내공을 쌓고 세일즈에 적합한 이미지 관리에 게을리해서는 안 된다.

자신이 맡고 있는 일에만 맞추는 굳어진 이미지만 고집할 것이 아니라 자신이 하고 싶은 일을 상상하며 신선한 이미지를 만들어야 한다.

변화하는 시장에 관한 분석과 고객을 설득할 수 있는 대화 수준은 꼭 필요한 조건이다. 이미지 관리와 전문성을 발휘할 수 있는 공부에 아끼지 말고 자신을 투자해야 한다.

스스로 투자할 줄 알았던 오바마

오바마는 사회생활을 처음 시작한 후 얼마 안 돼 절망적인 환경에 직면하자 곰곰이 자신의 정체성과 장래에 대해서 진지하게 고민했다. 그리고 자신이 할 수 있는 일이 무엇인지를 깨닫고 곧바로 워싱턴이 인접한 미국 동부로 진출했다. 오바마는 바로 변호사 시험 준비에 돌입해서 그해 변호사 시험에 합격했다. 오바마는 자신에게 가장 적합하고 자신 있는 분야가 정치라고 생각하고 정치의 기본이 되는 미국인들의 바람과 희망에 대해서 철저하게 조사하기 시작했다. 이를 위해 그는 되도록 많은 사람을, 될 수 있는 대로 다양한 계층의 사람들을 만나 그들의 바람과 희망을 듣기 위해 수많은 대화를 나

났다. 각양각색의 미국인들과의 대화를 통해 오바마는 변화하는 세계를 알게 되었고, 변화하는 세계에 발맞춰 자신이 해야 할 일이 무엇인지를 확실히 깨닫게 되었다. 무엇보다도 미국인들의 바람은 21세기에 맞는 뉴프런티어New Frontier를 재현하는 것이었다.

세계의 중심이었던 미국이 어느새 세계 경제 위기의 주범이 되고, 도덕성에 치명적인 상처를 입는 등 미국인의 자존심에 상처를 입는 일이 많아지면서 200년 전의 청교도정신과 1960년대의 프런티어즘을 재현해 주기를 미국인들이 간절히 바란다는 것을 알게 되었다. 문제는 이 무거운 주제를 급변하는 글로벌 시대에 맞게 탄력적으로 수용해 새로운 미국의 희망을 선언하는 것이었다.

세상은 너무나 빨리 변해서 어제 통하던 일도 내일이면 쓸모 없는 휴지조각이 되곤 한다. 고객의 뒤만 쫓다가는 영원히 세일즈의 프로는커녕 아무것도 팔 수 없다.

나만의 능력을 계발하라

지금은 절판되어 보기 힘들지만, 일본인 컨설턴트 야마모

토 신지가 쓴 《일근육》이란 책이 있다. 일도 비즈니스도 근육이 붙어야 한다는 내용의 책이다.

> "자격증이다, 영어 실력이다 하는 남들이 다 하는 얄팍한 스킬을 쫓아가지 마라. (중략) 정작 현업에서 필요로 하는 건 백과사전적 지식이나 스킬이 아니라 그 사람이 아니면 할 수 없는 능력이다. 그렇게 남들과 당신을 구분 지을 수 있는 차별점을 가지지 않고는 당신이 갖고 있는 지식이나 스킬, 커리어는 5년도 못 가 쓰레기가 되고 말 것이다. 당신이 꼭 키워야 할 것은 20년 후에도 당신의 생존을 책임질 수 있는 '일근육'이다."
>
> ─야마모토 신지 《일근육》 중에서

비즈니스 현장이나 직장에서 꼭 필요한 투자는 자신이 평생 먹고살 수 있는, 실전에 적용이 가능한 자신만의 지식을 쌓는 일이다. 자신이 하는 일이 영업이라면 영업에 필요한 실전 노하우를 쌓아야 한다. 연구직에 종사한다면 자신이 연구하는 분야의 최고 지식을, 당신이 보험FC라면 보험에 관한 고객의 어떤 질문이라도 다 소화할 수 있어야 한다. 당신이 투자회사의 금융컨설턴트라면 TV 뉴스에 나오는 전문가의 최근 금융정보 정도는 기본으로 알 정도로 자신만의 따끈

따끈한 비밀정보를 고객을 위해서 항상 준비하고 있어야 한다. 현장에 필요한 자신을 위한 투자는 이렇게 즉각 실전에 활용할 수 있는 최고의 비기秘器를 나름대로 쌓는 과정이다.

지금 당장 내가 하고 있는 투자가 '진정한 전문가로서의 내공을 쌓기 위한 공부인지', '남에게 보여주기 위한 그럴듯한 명함에 급급한 것인지' 스스로에게 물어보고 대책을 강구하자.

고객의 경제사정을 속속들이 알아야 한다

무언가를 팔고 싶다면 고객의 지갑 사정을
파악하는 훈련부터 해야 한다.

．
．
．

오바마는 국민들의 경제 사정, 특히 서민들의 주머니 사정을 어느 정치인들보다 상세히 알고 거기에 맞추어 정책을 개발했다.

세일즈맨이 상대방의 주머니 사정을 모른다면 헛수고만할 가능성이 높다. 당장 하루하루 살아가기도 힘든 사람에게 고가의 상품을 팔 수는 없을 것이다. 특히 보험처럼 눈에 보이지 않는 상품은 경제적 여유가 있는 사람을 타깃으로 해야 성공 확률이 높아진다. 따라서 세일즈를 잘하려면 고객의 지갑 사정을 파악하는 훈련부터 해두어야 한다.

경험이 많은 노련한 세일즈맨도 고객의 지갑 두께를 가늠하기란 쉽지 않을 것이다. 우리 옛말에 '떨어진 주머니에 어패가 들었다.'라는 말처럼 겉모양은 허술하지만 사실은 알찬 사람이 있는가 하면, '명주 잘게 개똥 들었다'는 말과 같이 겉은 그럴싸한데 실제로는 별 볼 일 없는 사람도 있다. 그만큼 겉으로 봐서는 고객의 지갑 사정을 알아내기 힘들다는 것이다.

파산 직전의 닛산 자동차를 1년 만에 흑자 기업으로 재탄생시킨 카를로스 곤Carlos Ghosn은 "어떤 불황에도 이겨내는 강한 회사를 만들기 위해서는 목표를 구체적 숫자로 만들고 그 실행을 점검하는 '숫자 경영'을 실천해야 한다."고 주장했다. 즉, 수에 강한 사람이 부자일 가능성이 높다는 말이다. 자기가 낼 필요가 없는 데도 찻값을 내려 하거나 조금만 복잡해지면 계산을 못 해 헤매는 사람은 겉보기와 달리 주머니 사정이 좋지 않을 수도 있다. 고급 승용차와 최신 유행 복장을 하고도 그가 수에 약하다면 그 사람은 부자가 아닐 가능성이 높은 것이다.

고객이 부자라면 전략을 바꿔야 한다

부자로 만들어 준다는 책들이 줄줄이 출판되어 인기를 누리고 있다. 그만큼 사람들의 부자에 대한 관심이 높아졌다는 증거다. 그 중 가장 잘 팔린 책들은 부자 습관, 부자 마인드에 관한 책들이다. 이러한 책들을 읽어 고객의 주머니를 식별하는 눈을 길러둘 필요가 있다.

긍정적인 사고방식 역시 부자에게는 필수적인 요소다. 매사에 부정적인 사람이라면 주머니 사정도 그다지 좋지 않을 것이다. 대신 부자들은 물건 사는 데 까다롭고 적은 돈도 절대 허술하게 쓰지 않기 때문에 깐깐하다는 느낌을 줄 것이다. 가격보다는 품질을 중요시한다. 가정을 방문해 보면 오래된 가구를 버리지 않고 사용하는 집들이 많다. 부자들은 소위 장기적 비용을 중요시한다.

고객이 부자라고 판단되면 이들을 만나기 전에 정확한 데이터와 자료를 준비해야 한다. 부자들은 정확한 사실을 중요시하기 때문이다. 부자들은 까다롭기는 해도 돈에 철저하기 때문에 중도에 해약을 하지 않아 장기적인 관계가 중요한 금융상품 판매에 있어서 매우 중요한 고객이 될 것이다.

싫은 사람일수록 칭찬을 아끼지 말라

싫어하는 사람을 내 편으로 만드는데
칭찬만큼 좋은 것은 없다.

⋮

좋아하는 사람에게 좋은 말을 하는 것은 누구나 할 수 있다. 싫은 사람에게 칭찬할 수 있는 사람이 프로다. 칭찬은 상대편을 인정하고 존중한다는 의사 표현이다. 그 때문에 싫어하는 사람을 내 편으로 만드는 데 칭찬만큼 좋은 것은 없다.

H백화점에서 판매왕에 오른 정 이사에게 한 기자가 세일즈의 비결을 물었다. 정 이사는 한참을 생각에 잠겨 있다가 숨겨뒀던 꿀단지를 꺼내놓듯이 한 마디 한 마디를 천천히 읊조리듯 말했다.

"저는 고객들에게 늘 '잘 어울린다'는 말을 진심으로 했답니다."

고객의 입장에서 생각해 보면 정 이사가 판매왕에 오른 이유는 의외로 간단한 데에 있음을 알 수 있다. 바로 내가 판 상품이 고객에게 잘 어울렸을 때 진심으로 '칭찬을 아끼지 않았다'는 점이다. 이렇게 정 이사는 고객에게 "잘 어울린다."는 말을 늘 입에 달고 살았던 것이다.

칭찬은 하는 사람이나 받는 사람 모두가 기분이 좋아지는 말이다. 그래서 쇼핑의 윈윈전략으로 칭찬만한 것도 없다. 점원은 손님을 칭찬해주므로 손님에게 상품을 팔 수 있고, 손님은 점원을 칭찬해주면 상품을 기분 좋게 살 수 있는 것이다. 그만큼 칭찬은 서로에게 손해날 일이 하나도 없다.

아끼는 후배 중에 친구 사귀기에 귀재인 후배가 하나 있다. 이 친구는 딱 한 번을 만난 사람과 모두 친구를 맺곤 한다. 무엇보다도 사람에 대한 깊은 애정과 인맥 형성에 욕심이 많은지라 무슨 무슨 형도 되고 누구누구 누나도 된다. 그 친구가 한번 사귀기로 결정한 사람 중에 친구가 되지 않은 사람을 별로 본 적이 없다. 그런데 가만히 보니 후배의 친구 사귀기의 비결은 바로 아낌없는 칭찬에 있었다. 어쩌면 그렇게 상대에 대해 깍듯하게 칭찬을 하던지 과연 상대가 그렇게 훌륭한 인격을 지닌 사람인가 하는 의구심이 들 정도였다.

칭찬은 특히 기본적으로 인격이 훌륭하거나 천성적으로 낙천적인 사람이 아니면 쉽게 할 수 있는 성질의 것이 아니다. 무엇보다도 상대방의 장점을 발견했다고 해서 그 자리에서 칭찬할 수 있는 사람은 그리 흔치 않다. 제대로 칭찬할 줄 아는 사람은 상대의 결점을 찾기 전에 상대만의 인간적 아름다움을 발견할 줄 아는 사람이다. 그래서 그는 상대에게는 더 이상 미워할래야 미워할 수 없는 존재가 되는 것이다.

상대에게 하는 기분 좋은 칭찬은 상대방이 더욱 신나게 이야기를 하도록 부추긴다. 대화에 조금이라도 상대를 비판하는 부정적인 기운이 남아 있다면 그만큼 상대를 칭찬해 주어라. 칭찬은 부정적인 분위기를 중화시켜주는 대화의 특효약이다.

싫은 사람도 내 편으로 만드는 확실한 비결

수많은 학자와 종교인들은 한결같이 "미소를 지으며 마음을 다해 칭찬하면 돌부처도 돌아앉는다."라고 주장한다. 사람의 마음에는 기가 통하기 때문에 내가 싫어하면 상대도 나를 싫어하고 내가 좋아하면 상대도 나를 좋아하게 마련이다.

따라서 싫은 사람을 칭찬하면 그도 머지않아 나를 좋아하게 될 것이다. 싫은 사람이 칭찬해주면 적개심을 가진 사람에게 칭찬받았다는 안도감과 그동안 자기 혼자서 상대편을 싫어했다는 죄책감을 동시에 갖게 된다. 보이지 않는 곳에서 싫은 소리 하는 사람이 많으면 저주를 받아서 될 일도 잘 안 된다고 한다.

**Pick
09**

상대에게 절대적인 신뢰를 얻어내라

신뢰를 얻지 못하면 어떤 말을 해도
사람들의 동의를 얻을 수 없다.

상품을 팔기 위해서는 고객이 상품이나 자신의 회사, 또는 자신을 완전히 신용할 수 있도록 만들지 않으면 안 된다.

어떻게 말하느냐에 따라 신용하는 정도가 달라지기 때문에 고객의 신용을 얻게 된다면 이미 세일즈의 반은 성공했다고 할 수 있다. 반면 신용을 잃었을 경우에는 일찌감치 물러서야 한다. 신용이란 망망대해에서 불을 밝히는 등대와 같아서 한 번 잃으면 회복하기 힘들다.

진심이 담겨야 신뢰할 수 있다

대화의 수준은 말하는 사람의 진심에 달려 있다. 말하는 사람의 화술이 조금 부족하다고 해도 그 말에 진심이 담겨 있다면 상대는 화자의 의도를 제대로 알아들을 수 있다. 그 대화는 나름대로 성공한 대화라 할 수 있다. 하지만 아무리 화법이 뛰어난 사람일지라도 자신의 욕심이 개입돼 교언영색巧言令色으로 한 말이라면 상대는 금방 그 의도를 파악하고 경계하려고 할 것이다. 물론 처음 한두 번은 말하는 사람의 의도대로 따라갈 수도 있겠지만 상대가 속았다는 느낌을 받았다면 더욱 큰 불신의 벽만 쌓고 말 뿐이다. '좀 더 많이 팔아야지' 하는 마음이 급급해 상품을 팔 때는 확실히 한계가 있다. 이 상품으로 인해 분명 고객의 삶의 질이 향상될 수 있다는 당당함이 있을 때 결과는 크게 달라질 것이다. 실적을 올릴 수 있는 열쇠는 의외로 단순하다. 그것은 바로 따뜻한 마음에 있다.

신뢰는 성공을 만든다

신뢰란 무엇인가? 신뢰란 고객에게 상품에 대한 믿음을 주는 것이며 따라서 선뜻 구매를 결정하도록 하는 것이다. 신뢰 관계를 형성하기 위해서는 무엇보다 약속을 잘 지켜야 한다. 어떠한 경우에라도 신뢰에 금이 갈 수 있는 약속을 해서는 안 된다. 또 한 번 한 약속을 파기해서도 안 된다. 철저한 '기브 앤드 테이크'의 상호교류가 성공을 결정짓는 핵심이다.

어떤 사람이 갑작스레 친구를 찾아가서 40만 원을 빌려달라고 부탁했다. 친구는 오랫동안 연락이 끊겼던 그에게 돈을 빌려줄 것인가 잠시 망설이다가 얼마 되지 않은 돈이었으므로 빌려주었다. 그는 돈을 갚기로 약속한 날 어김없이 빌려간 돈을 갚으러 왔다. 그러고는 이번에는 자기의 사업에 대해 열심히 설명하더니 400만 원을 빌려달라고 부탁하는 것이었다. 친구는 일전의 약속도 지켰으므로 그를 전적으로 신뢰하고 400만 원이라는 적지 않은 돈을 빌려주었다. 그러나 약속한 날에서 몇 달이 지나도 그는 다시 찾아올 줄 몰랐다.

만약 이 경우에 그가 다시 400만 원의 돈을 이자와 함께 정확히 가져왔다면 그다음에는 다시 몇천만 원의 융통도 가능했을 것이다. 네덜란드 속담에 "가장 믿을 만한 현금은 신용이다."라는 말이 있다. 고객과의 약속을 가볍게 생각하는 사람은 장기적으로 보았을 때 세일즈에서 성공할 수 없다. 고객은 세일즈맨의 태도와 말에서 신뢰감을 얻게 되면 기꺼이 부탁에 응한다. 일단 신용과 신뢰를 담보로 고객에게 당신을 인식시켜야 한다. 고객과 신뢰 관계가 형성되기만 하면 장기적인 판매 신장을 가져올 수 있다.

Part 5

발표가 두려워서 횡설수설하는
당신에게 필요한 7가지 전략

스티브 잡스처럼
PT하는 방법

PT에서도 유머는 중요하다

우주에 자취를 남기기 위해 우리는 여기에 있다.
우주를 놀라게 하자!
— 스티브 잡스

"이런, 클리커clicker가 작동하지 않는군요. 지금 무대 뒤는 난리가 나서 허둥지둥하고 있을 겁니다."

　스티브 잡스가 프레젠테이션을 하는 도중 영상화면을 다음 장면으로 넘기는 클리커가 작동하지 않았다. 그런데 클리커가 쉽게 고쳐지지 않자 스티브 잡스는 버클리대학교 기숙사에서 스티브 워즈니악과 함께 TV 교란기를 만들어 장난을 친 이야기를 하기 시작했다. 기숙사에서 학생들이 TV로 〈스타트렉〉을 보고 있었는데 교란기로 화면을 엉망으로 만들어놓아 학생들을 우왕좌왕하게 했던 이야기였다. 그러면서 그때 학생들의 우왕좌왕하는 모습을 흉내 내며 무대 뒤를 가리키기도 했다. 얼마 후 클리커는 정상으로 돌아왔고 스티브 잡스는 다시 프레젠테이션을 이어갔다.

스티브 잡스는 아이폰4를 발표할 때도 무선 인터넷 와이파이가 연결되지 않자 청중들을 향해 회선이 부족하다며 와이파이를 꺼달라고 했다. 그래도 와이파이를 끄지 않자 자신은 시간이 많다면서 청중들의 웃음을 유도했다.

대화에서 대단한 역량을 발휘하는 유머란 과연 어떤 특성을 지니고 있는 것일까? 유머는 단지 우스갯소리인가? 아무데서나 좌중을 웃기기만 하면 되는 것일까?

물론 그렇지 않다. 유머란 시의적절하고 상황에 맞게 구사할 줄 알아야 한다. 상갓집에서 농담을 지껄이는 이를 두고 유머러스하다고 칭찬할 수는 없을 것이다. 유머란 상황을 정확히 인식하고, 보다 창조적으로 상황을 이끌어나갈 수 있는 발상의 전환에서 비롯된다.

2007년 맥월드 엑스포에서 아이폰을 처음으로 소개한 스티브 잡스는 아이폰으로 작동하는 구글 앱의 우수성을 말하기 위해 아이폰으로 스타벅스를 찾아내어 직접 전화를 거는 시범을 보였다. 그런데 실제로 스타벅스 매장과 전화 연결이 되었다. 스티브 잡스는 당황하지 않고 이렇게 말했다.

"여보세요? 카페라테 4,000잔을 배달시키려고 하는데요."

전화를 받은 매장 직원이 놀라서 당황하자 이렇게 말했다.

"아니에요, 그냥 장난입니다. 잘못 걸었네요. 감사합니다.

바이, 바이."

스티브 잡스는 프레젠테이션 현장에서 일어날 수 있는 여러 돌발 상황들을 유머로 잘 넘기며 프레젠테이션을 훌륭히 마쳤다.

다르게 생각하라

사람들은 중점을 두고 해야 하는 일에 "예스"라고 답하는 것을 '집중'이라고 생각한다. 그러나 그것은 절대 집중의 의미가 아니다. 수백 가지의 좋은 생각도 "노"라고 답하는 것이 집중이다. 1,000가지의 생각을 거절하는 것, 그것이 바로 혁신이다.

—1997년 3월 13~16일, 〈애플 전 세계 개발자 컨퍼런스〉에서

변화를 적극 수용하는 사람은 기존의 습관을 과감히 깨뜨릴 줄 아는 사람이다. 예전부터 그랬던 것에 반기를 들 줄 아는 사람, 지금껏 상용돼 왔던 구태의연한 패러다임을 바꿀 수 있는 용기를 지닌 사람만이 변화의 시대를 주도하며 스스로도 변할 수 있는 성공 유전자를 갖춘 사람이다. 이때 가장 중요한 업무 태도는 바로 '말보다 행동하는' 동사형 인간이 되

어야 한다.

"Think Different"라는 이 말은 스티브 잡스가 애플에 복귀했을 때 매너리즘에 빠진 직원들, 정체성의 혼란에 빠진 직원들, 관료주의에 빠진 경영진들에게 주문한 것이다. 지금의 방식과는 다른 방식의 사고를 강조한 이유는, 다르게 생각해야 다르게 행동할 수 있기 때문이다. 그 결과 애플이 달라지기 시작한 것이다.

모든 것이 변하고 역동적으로 움직이는 디지털 시대에 인정받는 인재는 결국 자신만의 창의적인 비전을 현실 세계에서 성공적으로 재현해 내는 '글로벌 디지털 실천가'이다.

조직 내에서 변화에 저항하는 사람들에게 변화를 주도하는 지도자는 변화가 일어나고 있는 이유와 변화에 따른 이익을 설득력 있게 제시할 수 있어야 한다. "그래야 회사가 살아남을 수 있다."라고 말해야 하는 것이다.

그다음으로는 변화를 실행하는 방법에 대해서는 조직원이나 부하에게 물어야 한다. 그러면 직원은 스스로 변화의 실행에 참여하게 된다.

자기만의 스토리텔링을 하라

스티브 잡스는 보통 연설할 때 원고를 읽지 않는다. 중요한 대목만 노트 돼 있는 큐카드Cue Card를 들고 주요 개념만 숙지하고는 곧바로 무대에 올라간다. 스티브 잡스에게는 원고의 내용보다는 연설을 듣는 청중과의 교감이 더 중요한 것이었다. 그런데 그가 2005년 6월 12일, 스탠퍼드대학 졸업식 축사를 할 때는 평상시와 달리 원고를 들고 연설무대에 올랐다.

연단에 선 그는 담담하게 자신이 살아온 인생을 읊조리듯이 얘기했다. 그때 그의 손에 놓인 원고에는 다음의 세 가지 메모만 있었다. 바로 '지금 하는 일에 충실해라', '진짜 좋아하는 일을 찾아라', '그 일을 열정적으로 즐겨라'였다. 이 세 가지 메모가 적힌 원고와 당시 연설은 한마디로 대학 졸업연설의 고전이 되었다. 당시 스티브 잡스의 연설은 유튜브에 조회수 100만 건을 기록하며 젊은이들이 우리 시대의 구루에 대한 애정과 존경의 표시를 어떻게 했는지를 여실히 보여 주었다.

그는 다른 사람이라면 부끄러워할 수도 있는 개인사를 털어놓으며 졸업생들에게 사회에 나가 꿈을 찾고, 그 꿈을 찾으면 꿈을 이루기 위해 열심히 노력하라는 메시지를 전달했다. 그날 연설에서 스티브 잡스는 자신이 별로 좋아하지 않았던 리드칼리지에서 '캘리그라피'를 배워서 맥 컴퓨터 서체개발에 획기적으로 활용할 수 있었던 이야기, 자신의 일을 너무나 사랑한 사람이 자신이 만든 회사에서 쫓겨난 이야기, 죽음을 앞둔 심정으로 현재에 최선을 다했던 이야기들을 젊은이들에게 들려주며 '어떻게 살 것인가?'에 대해 상기시켰다.

평소의 스티브 잡스라면 이렇게 말을 하지 않고 슬라이드를 보여주거나 몇 가지 단어를 제시할 법도 했다. 하지만 그는 그렇게 하지 않았다. 자신의 경험을 통해 얻은 교훈들을 졸업생들에게 충분히 제시하기 위해서 꾸미지 않은 진솔한 자기 모습을 보여준 것이다. 때로는 대단한 미사여구나 최신의 시청각 교재보다 훌륭한 교재는 바로 연설자의 진정성 있는 스토리텔링이다.

스티브 잡스의 프레젠테이션이 큰 관심을 끌면서 그의 프레젠테이션 기법을 따라 하는 사람들이 많이 있다. 스티브 잡스는 자신만의 프레젠테이션 기법을 완성하기 위해 '키노트 프레젠테이션'을 개발했다. 그런데 키노트 프레젠테이션은 스티브 잡스에게만 최적화된 기법이다. 아무리 좋은 기법이라도 자신에게 맞지 않으면 소용이 없다. 자신에게 최적화된 프레젠테이션을 개발하는 것이 중요하다.

행동하고 성장하고 노력하라

우리는 다른 유형의 사람들에게 매료되곤 한다.
그 사람은 어떤 일을 과도하게 밀어붙여 우주에 뭔가
작은 흔적이라도 남기를 바라는 사람이다.
— 스티브 잡스

애플은 늘 '제품 혁신'을 바탕에 둔다. 애플은 애플Ⅱ와 함께 컴퓨터 산업을 창조했다. 지난 10년 동안 이 분야가 생존할 수 있었던 이유는 매킨토시라는 혁신 덕분이다. 지금, 누군가는 우리의 업계를 발전시킬 새로운 혁신을 만들고 있을 것이다. 이 일을 애플보다 더 잘 해낼 곳이 어디 있겠는가.

— 2004년 4월 23일, CNN 〈인터네셔널〉에서

성공한 사람과 평범한 사람의 차이는 자신의 일에 대한 정성의 차이이다. 성공을 쟁취할 수 있는 사람들은 모두 행동하고 성장하고 실력을 향상시키려고 열심히 노력하고 있다. 여기에는 이유가 있다.

그들은 반 맹목적인 무엇인가에 채찍질 당하며 전진하는 힘을 얻고 있다. 성공이라는 종착역을 향하여 돌진하는 기차에 연료를 공급하고, 숨은 힘을 끌어내는 것. 그것은 '열정'이다.

밴쿠버 올림픽에서 이미 피겨의 정상에 오른 김연아 선수도 자신만의 '전설'을 만들기 위해 이미 달성한 목표에 새로운 목표를 더해 소치 올림픽에서 세계가 인정하는 '피겨의 여제'로 거듭날 수 있었다. 나에게 스스로 존재가치를 부여할 수 있는 그 무언가를 목표로 삼는 것, 이것이야말로 삶의 이유이자 목적이 되기에 충분한 인생의 자세가 아닐 수 없다.

미완의 사업가가 밤늦게까지 또는 새벽부터 일에 전력을 쏟는 것도 열정이 있기 때문이다. 열정은 인생의 힘과 활력과 의미를 부여한다. 위대해지고 싶다는 열정이 없으면 위대하게 되지 못한다. 운동선수든, 예술가나 과학자든, 자녀를 가진 부모든, 혹은 사업가든 그것은 마찬가지이다.

앞서가는 사람의 자세

"지금 여러분은 미래를 알 수 없습니다. 현재와 과거의 사건들만을 연관시켜 볼 수 있을 뿐이죠. 그러므로 여러분은 현재의 순간이 미래에 어떤 식으로든 연결된다는 사실을 알아야만 합니다. 여러분은 자신의 배짱, 운명, 인생, 카르마(업) 등 무엇이든지 간에 '그 무엇'에 대한 믿음을 가져야만 해요. 이런 믿음이 저를 실망시킨 적 없답니다. 그리고 그것이 내 인생에서 남들과는 다른 모든 '차이'를 만들어냈습니다."

— 2005년 6월 12일, 스탠퍼드 대학교 졸업식 연설

스티브 잡스는 애플을 창업하기 전에 자신에게 비전이 있는 일이 무엇인지 고민했다. 그는 '오늘이 마지막 날이라면 지금 하고 있는 일을 계속할 것인가?'라고 매일 자신에게 물었다. 그는 마지막 날까지 하고 싶은 일을 하다가 죽었다.

비전이라는 단어는 주로 꿈, 목표, 희망 등의 개념으로 사용되곤 한다. 여기에 비전의 정신적 의미를 개입해 보면 보이지 않는 미래를 오늘의 노력으로 달성하는 스티브 잡스와 같은 사람의 자세라고 할 수 있을 것이다. 목표는 멀리 높게 두되, 오늘의 노력이 뒷받침해 주지 않는다면 끝내 보이지 않는 것으로 그칠 것이다.

불확실성의 시대에 성공적인 비전을 실현하기 위해서는 단순히 '열심히'만 해서는 원하는 목표를 이룰 수가 없다. 비전은 자신이 이루고자 하는 자리를 향해 구체적이고 확실하게 가는 과정이다.

변화하려면 긍정적이어야 한다

"인생을 70년 살면 70번 변해라."

공자의 말이다. 세상을 살아가다 보면 70번이 아니라 700번도 예기치 못한 상황이 닥쳐올 수 있다. 그때마다 우리는 전혀 준비돼 있지 않으면서도 이 상황에 나름대로 대처해 나가야만 한다. 세상을 긍정적으로 사는 사람은 비록 잘 모르는 일이 자신에게 닥쳤다고 할지라도 그때그때의 상황에 맞는 임기응변을 잘 발휘해 상황을 자신에게 유리한 쪽으로 만들어버리곤 한다.

세상의 모든 일을 다 잘 알아서 처리할 수는 없다. 살다 보면 분명히 자신이 부족하거나 잘못된 부분이 드러나게 된다. 이때 긍정적으로 사는 사람은 자신의 가치관이나 생각을 빨리 고치는 유연함을 발휘하지만 부정적인 사람들은 상황을 탓하며 더욱더 세상과 맞서려고만 한다. 공자께서 말씀하신 것처럼 원칙과 소신은 중요한 것이지만 쓸데없는 데까지 고집과 원칙을 내세우다 보면 세상에서 뒤처지는 원인이 될 위험이 높다. 이보다는 새로운 환경에 맞는 대안을 생각해내고 실행하라는 것이다.

스티브 잡스가 애플에 복귀할 당시에는 최고의 기술력을

갖춘 제품을 생산하는 것이 흐름이었다. 더 좋은 기술이 제품을 변화시키고 사용자를 변화시킨다고 생각했다. 하지만 최고의 기술로 개발된 제품이지만 찾는 사람이 없었다. 이때 스티브 잡스는 시장의 흐름이 변하고 있음을 깨닫게 된다. 할리우드 최고의 명화라도 관객이 외면하는 영화는 가치가 없는 것처럼 사용자가 사용하기 편한 제품이 좋은 제품이라는 것을, 사용자 중심으로 세상이 바뀌는 것을 깨달았다. 이에 스티브 잡스는 최고의 기술을 고집하면서도 사용자에게 불필요한 기술이나 기능들을 과감히 빼고 제품을 출시해서 좋은 반응을 얻었다.

휘어지긴 할지언정 부러지지 않아야 최후의 승자가 된다. 막히면 돌아갈 길을 찾아보고, 벽이 높으면 탈출할 다른 방법을 모색해 본다. 대화 도중 어떠한 난관에 부딪히더라도 당황하지 않아야 한다. 찾아보면 반드시 해법이 있으니 찬찬히 돌파구를 모색하면 분명 길이 보인다. 언제나 성미가 급한 사람이 패배한다. 물론 저돌적으로 밀어붙여야 승산이 있는 경우도 있지만, 세상일 대부분은 한 템포 늦추고 곰곰이 생각해보면 해결책이 저절로 나온다. 그것이 합리적인 대안 찾기다.

쉽고 간단하게 누구나 알아듣도록 말하라

스티브 잡스의 프레젠테이션은 'KISS(Keep It Simple, Stupid) 법칙'에 아주 잘 맞는다고 할 수 있다. 스티브 잡스의 경우 첨단 IT기술을 바탕으로 한 제품이기 때문에 자칫 전문용어의 남발로 청중들은 무슨 내용인지 이해하기 어려울 수 있다. 하지만 스티브 잡스는 '아무리 화려한 기술도 사용하는 사람이 어려우면 소용이 없다'는 생각을 늘 가지고 있었기 때문에 전달역시 쉽고 이해하기 편하도록 말을 하려고 했다.

무엇보다 사람들은 본능적으로 남 앞에서 자신을 표현하는 자리에서는 누구보다도 자신을 두드러지게 표현하고 싶은 경향이 있다. 그러다 보면 강연이나 업무 보고 자리에서조차도 간단명료하게 설명하기보다는 온갖 미사여구를 보태 자신을 있어 보이게끔 포장하려는 데 연연하는 사람들이 종종 있다. 이런 태도로는 상대에게 좋은 이미지를 심어주지 못할뿐더러 상대를 설득한다는 건 더더구나 물 건너간 상황이 될 확률이 높다.

간단하고 일목요연하게 정리해서 말해야 할 대목에서 지나치게 미사여구를 남발한다거나 영어나 전문용어를 자신의 의견인 양 펼쳐놓다 보면 상대는 얘기의 핵심을 놓치게 된다.

그러고는 그저 말하는 사람의 얘기가 어서 끝나기만을 기다리는 위험천만한 상황이 되고 마는 것이다.

일상 대화에서건 공식석상에서건 가장 강력하게 상대를 설득할 수 있는 대화는 쉽고 단순한 표현으로 상대의 귀에 쏙쏙 들어가게 말하는 것들이다. 이렇게 상대가 쉽고도 확실하게 알아들을 수 있는 말들을 하다 보면 상대는 귀를 열고 마음을 열면서 급기야는 말하는 사람의 의도를 충분히 이해하는 단계에 이를 수 있다.

꼭 하고 싶은 말은 마지막에

대화를 하면서 가장 강조하고자 하는 말은 최후에 하는 법이다. 마지막 한마디는 그대로 상대에게 꽂혀 지워지지 않는 강렬한 느낌표로 전달된다.

한 시대를 풍미했던 세계적인 레슬러의 은퇴 기자회견은 말의 여운이 어떤 것인지를 새삼스럽게 깨닫게 하는 인상적인 사례이다. 50을 훌쩍 넘긴 이 레슬러는 카메라 플래시가 연신 터지는 은퇴 기자회견장에서 별다른 말 없이 묵묵히 침묵하고 있다가 계속되는 기자의 질문에 "레슬링을 너무나 사랑하지만 체력의 한계가 온 것 같아 이제 그만 사각의 링을 떠나려 한다."라고 말한 뒤 입술을 꾹 깨물고 눈물을 참으며 그 자리에서 목석이 돼버렸다.

이 레슬러의 침묵 끝에 한 한마디 말이 담고 있는 의미는 정말로 여러 가지 감정이 응축돼 나온 말이다. 화려했던 레슬러로서의 꿈같은 날들도 연상이 되고, 후배들에게 길을 터주기 위해 아름다운 퇴장을 하는 선배로서의 회한도 진하게 묻어나온다. 하지만 이 모든 의미를 단 한 마디로 '체력의 한계로 떠난다'는 말로 짧고 굵게 마무리를 짓는 이 레슬러의 복잡한 심사가 그대로 청중들에게 감동으로 다가설 수밖에 없었다. 그만큼 말하는 사람의 초점이 응축된 말은 상대를 끌어들이는 강력한 힘이 있다.

칭찬에도 준비가 필요하다

애플은 '박스를 넘어서'라고 생각하는 사람들을 위한 회사다.
그들은 차이를 이뤄내고 창조하고자 하는,
세상을 바꾸고자 하는 사람들이다.
― 스티브 잡스

스티브 잡스는 애플에 복귀한 후 회사를 일으키기 위해 밤낮으로 고심했다. 과거 독선과 남의 말을 잘 듣지 않는 것 때문에 회사에서 쫓겨나는 아픔을 경험한 후 많은 변화의 노력을 기울였다. 스티브 잡스는 직원들을 만나기 전 어떤 칭찬의 말을 할지 미리 준비했다고 한다.

그렇다. 아무리 프로라도 칭찬의 말을 미리 준비하지 않으면 자기도 모르게 칭찬 대신 비난을 해버릴 수도 있다. 따라서 마케팅을 잘하려면 그런 일이 생기지 않게 칭찬의 말을 미리 준비하고 그것이 입에 배도록 연습해 두어야 한다.

청중을 한 명도 소외시키지 마라

청중들을 자신의 연설로 끌어들이고 내용에 푹 빠지게 하기 위해서는 그 장소에 모인 모든 사람과 골고루 눈을 맞춘다는 생각으로 시선을 다 나눠주어야 한다. 그렇다고 왔다 갔다 여기저기 훑어보는 식은 곤란하다. 가장 좋은 방법은 한 사람을 보고 그 사람과 시선을 맞추고, 잠시 쉬었다가 다른 사람을 쳐다보는 것이다. 일단 시선이 마주치면 그 청중은 다시 자기를 쳐다볼지 모르는 연설자를 외면할 수 없게 되고 연설자와 청중은 연결된다. 그 청중은 연설을 끝까지 듣게 된다.

청중 그룹을 쳐다볼 때 한 그룹 전체를 보거나 그 그룹의 한 사람을 지목해서 눈을 맞추면 된다. 그렇게 하면 그 근처에 있는 사람들이 자신을 쳐다본다고 생각하게 하는 효과가 있다.

상대가 어떤 취향인지 파악하라

그냥 쓰면 됩니다.
— 스티브 잡스

스티브 잡스는 고객의 성향에 맞는 제품이 중요하다는 것을 깨닫고 고객에게 맞는 제품을 개발했다. 그는 앞서 말한 것처럼 '디자인' 하나만 하더라도 고객들이 제품과 연관해 그럴듯하다고 공감할만한 디자인이 돼야 한다고 주장했다. 외형보다는 그것의 작동법을 알기 쉽게 설명할 수 있는 디자인이야말로 고객이 원하는 디자인이라는 것이 그의 지론이었다.

마찬가지로 마케팅은 고객을 안심시키고 신뢰를 얻어야만 계약을 성사시킬 수 있다. 고객마다 성격과 취향이 다르기 때문에 천편일률적인 방법으로 접근하면 신뢰를 얻기가 어렵다. 마케터는 고객의 주머니 사정과 함께 고객의 성격도 파악해야 한다. 고객의 성격이 다양하기는 하지만 몇 가지 유형으로 나누어 볼 수 있다.

성격별로 어떻게 대응하는 것이 좋을지 살펴보자.

고객은 6가지 부류로 나뉜다

첫째, 독선적이고 카리스마가 강한 사람의 유형이다.

이들은 마케터들이 가장 상대하기 어렵고 실적을 올리기도 힘든 부류의 사람들이다. 이들은 겉보기에 차갑고 무뚝뚝하고 까다로워 보이지만, 사실은 매우 이성적인 사람들이다. 이들은 논리적이고 이성적이기 때문에 감성적인 말로 설득하면 통하지 않는다. 철저한 자료 준비와 짧고 논리적인 말로 설득해야 한다.

이들은 수직적인 인간관계를 선호하기 때문에 상대편을 제압해야 마음이 편하다. 그렇다고 해서 쉽게 제압당하는 사람도 좋아하지 않는다. 사실에 입각한 강한 논리를 펴야 받아들인다. 상품도 일반적인 이야기는 생략하고 사실적이고 구체적으로 설명해야 좋아한다.

둘째, 겉으로 부드럽고 앞에서 아첨하는 사람을 좋아하는 부류의 사람들이다.

우선 이들은 설득하기가 어렵다. 변덕도 심해 유지율도 낮은 편이다. 자기 마음을 감추고 남들에게 좋은 말을 하느라 스트레스가 많이 쌓여 있다. 마음이 약해 예스와 노를 분명히 못 해 손해 본 일도 많을 것이다. 그래서 마케터가 권하는 상품이 자신에게 부적당하다고 느끼면 절대 구매할 의사를 보이지 않을 것이다.

이들은 사람들이 '당신을 좋아한다.'라는 말을 면전에 대고 해주어야 한다고 믿기 때문에 남들도 자기에게 그렇게 해주기를 바란다. 따라서 마음에 들지 않더라도 그 사람이 한 일을 칭찬하고 인정해주면 의외로 쉽게 설득할 수 있다. 늘 남에게 대접만 해왔기 때문에 조금만 높여주면 인간관계도 두터워진다.

셋째, 인용을 좋아하고 몽상적인 말을 잘하는 사람들이다.

이들은 대부분 철학적 사색을 즐기는 사람들일 경우가 많다. 따라서 이들에게는 구체적인 말로 설득하면 오히려 거부감을 일으킨다. 이들에게 말을 걸어보면 극단적인 이론을 내세우거나 믿도록 강요해 당황할 수도 있다. 자기 철학을 강하게 믿기 때문에 아무나 비판을 해대며 욕을 하기도 한다. 이런 고객에게는 세부 사항을 설명하는 것보다 원론적인 내용을 설명해야 설득할 수 있다.

넷째, 말이 없고 무표정한 사람들이다.

이들은 자신을 강하게 통제하고 감정을 밖으로 잘 표출시키지 않는다. 그러나 가슴속에는 누구보다 강한 열정이 숨어 있다. 이들은 부끄러움을 많이 느끼기 때문에 자신의 감정을 숨겨 사람들과 어울리지 못하고 외롭게 지낸다. 그런데도 남들이 접근하면 거리감을 두며 자신의 신념이 확고하기 때문에 타인이 가까이 오면 경계한다. 따라서 이들에게 접근할 때는 스텝 바이 스텝으로 천천히 다가가야 한다.

다섯째, 외향적이고 감각적인 사람들이다.

이들은 패션 센스가 있고 현실에 만족하는 편이다. 자기애가 강하기 때문에 다른 사람들이 자신을 어떻게 보든지 상관하지 않는다. 게다가 이들은 의심이 많아 남을 잘 믿지 않는다.

이들에게는 현실적인 케이스를 예로 들어 설명해야 귀를 기울인다. 그 상품이 당사자에게 얼마나 유리한 것인지에 초점을 맞추어 설명해야 관심을 갖는다.

여섯째, 외향적인 리더형들이다.

이들은 항상 새로운 것을 찾아내며 자기 분야에서 두각을 나타낸다. 이들은 대부분 현재보다는 미래를 중시하는 미래지향적인 사고방식을 가졌기 때문에 세부적인 설명보다 최종 결과에 관심이 많다. 대형 프로젝트에 익숙해져 있기 때문에 전체적으로 그림을 그려 본다. 실제로 자기가 일할 때도 세부 사항은 생략하는 일이 많다. 따라서 이들을 설득하려면 새롭고 흥미 있는 주제를 선택해야 한다. "당신이 이 상품을 사는 것은 당신이 남보다 세상을 보는 안목이 높기 때문이다."라는 말이 잘 통한다. 이들은 미래를 중시하기 때문에 상품에 대한 관심이 그 누구보다 높은 사람들이다. 이처럼 고객의 유형을 잘 파악하고 그에 걸맞은 설득을 하면 마케팅이 한결 쉬워질 것이다.

공감대를 만들어라

고객과의 공감대를 찾는 방법이 다른 경우가 있다. 스티브 잡스는 "고객 목소리를 듣지 말라."라고 했다. 고객은 자신들이 원하는 것을 모르고 있다고 생각한 것이다. 고객이 원할 만한 상품을 개발하고 눈앞에 보여주고 나서야 고객들은 '아, 내가 이걸 원했구나'하고 생각하기 때문이다.

따라서 고객에게 무엇을 원하는지를 묻기보다 고객이 지금은 모르지만, 본능적으로 원하는 것을 찾아내야 한다는 의미다. 이것이 진정한 고객과의 공감대를 찾는 길이다.

고객과 마케터의 첫 만남에는 정치인과 주민들 사이의 벽

못지않은 두꺼운 벽이 있게 마련이다. 때문에 마케터가 상품을 팔려고 하면 고객의 첫 대응은 언제나 회피나 거절로 나타난다. 그러므로 고객을 처음 방문했을 때 먼저 공감대를 찾는 것이 가장 중요하다. 특히 우리 사회는 지연이나 혈연, 학연과 군대, 종교, 취미를 강조한다. 이 중 한 가지라도 고객과 마케터가 연결되어 있다면 의외로 쉽게 연대감이 생길 수 있다.

모 자동차 마케터 전 대리가 큰 음식점을 하고 있는 고객을 찾아 상담할 때의 일이다. 그 가게 젊은 사장은 부인에게 차를 사주려고 여러 회사 차량을 알아보고 있었다. 상담을 위해 음식점을 방문했을 때 사장은 다른 회사의 견적을 비교해 본후 연락하겠다고 했다. 그래서 상담을 끝내고 나오려는 순간 여기서 그냥 가면 음식점 사장은 경쟁사 차로 마음을 굳힐 것 같은 직감이 들었다. 사장의 마음을 다시 돌릴 수 있는 방법이 없을까 잠깐 고민하고 있을 때 다른 쪽 방에서 자신의 고향에서나 들을 수 있는 경상도 억센 사투리가 들려왔다. 좋은 기회라는 생각이 들어 전 대리는 사장에게 물었다.

"낯익은 목소리가 들리는데 저쪽 방에 계신 분은 누구십니까?"

"저희 어머니이십니다."

"그럼 잠깐 인사만 드리고 가겠습니다."

전 대리는 사장의 어머님에게 고향이 어디인지 여쭤보았고, 같은 경상도 중에서도 억센 사투리를 쓰는 북쪽 사람이란 걸 알게 되자 반갑게 인사를 건넸다. 그 어머님은 고향 사람이 왔다며 차와 과일을 내오라고 하시며 환대해주셨다. "서울에 와서 고생이 많네."라며 따뜻한 격려와 함께 가족처럼 편하게 대해 주셨다. 동향 사람이라는 것으로 어머님의 마음을 얻었고, 마케팅의 절반은 성공한 셈이었다.

그러나 세상에 쉬운 일은 없는 법이다. 사장과의 상담이 만만치 않았다. 다른 회사 차와 견적을 비교하면서 바로 결정을 내리지 못하는 것이었다. 전 대리는 결국 계약을 못한 채 사무실로 돌아올 수밖에 없었다.

전 대리는 포기하지 않고 다시 음식점을 찾았고, 사장의 어머님 도움으로 계약을 성사시킬 수 있었다고 한다. 그런데 차량을 인도한 후에는 사장은 소음이 심하다는 이유를 들어 자주 불만을 제기했다. 그때마다 전 대리는 성실하게 문제를 해결하자 차를 구입한 사장은 마음의 문을 열게 되었고, 지금까지 좋은 관계를 유지하고 있다.

판매왕들이 이처럼 감정의 문을 열기 위한 고리로 활용하는 수단 가운데 하나가 바로 작은 공통점 찾기다. 물론 학연, 지연, 혈연을 앞세우는 것이 사회적으로 문제란 지적도 있지만 이런 공통점이 정서적 유대를 만드는 고리가 되는 것은 틀림이 없다. 뜬금없이 찾아온 마케터는 '타인'이지만 동향 사람이거나 나와 비슷한 점이 있다면 같은 울타리 속 '우리'가 되는 것이다. 특히 감성적인 성향이 강한 우리나라 사람에겐 이런 '우리'라는 연대감은 여전히 효과적이다.

대안을 제시하라

스티브 잡스의 연설이나 프레젠테이션은 청중들에게 매우 감성적이며 설득력 있게 인식된다. 그것은 청중들이 스티브 잡스에 대한 호감을 이미 갖고 있기 때문이다. 스티브 잡스는 대장암으로 고생하면서도 자신의 일에 대한 열정을 놓지 않을 뿐 아니라 더욱 열정적으로 임했다. 사람들은 이런 스티브 잡스의 매력에 호감을 가지고 있었던 것이다. 그렇다고 사람들이 처음부터 스티브 잡스에게 호감을 느낀 것은 아니다.

사람들이 그에게 호감을 갖게 된 것은 그가 사람들이 호감을 가지게끔 말하기 때문이었다. 예를 들어 어떤 문제에서 한 가지 대안을 제시하면 사람들은 그 대안을 따르거나 거절하게 된다. 두 가지 모두 사람들에게 좋은 감정을 줄 수 없다. 대안의 제시를 듣게 되면 사람들은 자신의 무능을 보게 되어 썩 유쾌한 감정을 가지기 어렵다.

그런데 스티브 잡스는 단순히 대안만을 제시하지 않는다. 그는 대안을 제시할 때 두 가지 이상의 대안을 제시해서 사람들이 선택하게 한다. 그러면 사람들은 자신의 판단에 따른 선택이기 때문에 대안을 제시해 준 사람에게 좋은 감정을 가지게 된다. 그 대안의 선택이 대안을 제시하는 사람이 원하는 방향으로 흘러가더라도 상관하지 않는다.

스티브 잡스는 제품 설명을 하거나, 미래사회의 IT혁명을 이야기할 때 항상 두 가지 이상의 대안을 제시하고 선택하게 했다. 예를 들어 '아이폰을 통해 신세계를 경험할 것인지 아니면 지금처럼 심심하게 살 것인지, 선택하게 하는 것이다. 이런 과정이 여러 차례 이어진다. 사람들이 스티브 잡스의 이야기에 집중할 수밖에 없다.

이것은 대화의 보이지 않는 속성이다. 즉, 긍정적으로 당신의 이야기를 듣게 하려면 이치를 따지는 것보다 듣는 사람의 호감을 얻어야 한다.

특히 직장에서는 연락이 빈번하고, 지시·전달·명령·설득으로 사람을 움직이지 않으면 안 될 상황이 계속 발생한다. 바쁜 직장에서 대화하다 보면 표현이 부족하거나 지나치게 간

결해지는 경우가 있다. 그러한 점을 서로 보완할 수 있게 부드럽게 의사소통을 이루어 가는 것이 끊임없이 연속되는 인간관계인 것이다. 설령 이야기를 하지 않았을 때에도 평소에 호감을 얻었다면 "그 사람이 이야기하지 않는 것은 바빠서 잊어버린 것이겠지. 악의가 있어서가 아닐 거야." 하고 상대의 입장을 이해하고 받아들이게 된다.

Pick 05

감성을 자극하는 말을 하라

우리는 열정과 창조력으로 세상을 바꾼다.
우리는 애플의 가치가 피어나는 환경을 창조하길 원한다.
— 스티브 잡스

·
·
·

인상 깊게 이야기할 수 있는지는 말을 잘하는 사람인지 아닌지를 가리는 중요한 기준이다. 스티브 잡스 연설을 어떻게 해서 많은 사람이 설득력 있는 연설로 꼽았을까?

마법에 걸린 것처럼 사람들은 스티브 잡스의 이야기를 듣고 있으면 자신도 모르게 이미 감동받을 준비를 하고 듣고 있다고 한다. 그 이유는 무엇일까? 스티브 잡스는 감성적으로 말하기 때문이다. '이 제품을 꼭 구입해야만 한다'가 아니라 '이 제품은 여러분의 삶을 변화시킬 것이다'는 식으로 청중들의 감성을 자극한다. 애플 제품의 TV광고를 유심히 살펴보면 제품의 특징을 이야기하는 것이 아니라 제품으로 변화하는 삶의 모습을 보여준다. 이러한 것이 바로 감성적 접근이다.

사람의 마음을 움직이는 데는 이성보다는 감성이 유리하

다. 사람들은 따지고 분석하고 계산하는 일을 잘해야 성공에 유리하다고 생각한다.

대화에서 그보다 더 큰 힘을 발휘하는 것은 상대방을 배려하고, 동정심을 느끼고 감싸주는 감성이다. 감성은 옳고 그름을 따지는 가치가 아니다.

상대방을 잘 이해하기 위해서는 대화 도중 감정 이입이 중요하다. 감정 이입을 충분히 잘하면 상대에게 감동을 준다. 감정이입은 경청과 비슷한 것으로 내 입장에서 이해하는 것이 아니라, 상대의 감정 및 상태에 들어가는 것, 즉 입장을 바꿔놓고 생각하는 것이다.

이미지가 연상되어야 한다

감성적으로 말한다는 것은 언어상황을 일목요연하게 정리해서 말하기보다는 듣는 사람이 언어상황을 이미지로 받아들일 수 있게끔 구체적이고 상징적으로 표현하는 것을 의미한다. 말하고자 하는 상황을 그림처럼 선명하게 말할 수 있다는 것은 말처럼 그렇게 쉬운 것이 아니다.

어느 직장에서 월요일 점심에 직원끼리 식사를 하면서 회사 근처에 생긴 식당에 관해 이야기하게 됐다. 한 직원이 "새로 생긴 식당 가보셨어요? 주말에 회사 근처에 왔다가 들렀는데, 생각보다 맛있었더라고요!" 이 말은 얼핏 보면 사실적으로 말한 것 같지만 자세히 들어보면 이 말처럼 추상적인 말도 없다. 똑같은 상황에서 "소고기덮밥을 먹었는데, 고기 잡내도 없고 육질이 부드러워서 입안에 넣으니 씹기도 전에 살살 녹더라고요. 게다가 1,500원만 더 내면 미니 우동이 포함된 세트로 먹을 수 있어서 경제적이에요."라고 말했다면 어땠을까.

이미지가 연상되도록 말하는 것이 바로 감성적으로 말하는 것이다. 감성적으로 말하는 사람은 듣는 사람이 흥미를 갖고 들을 수 있고 말하는 사람의 언어상황도 쉽게 이해할 수가 있다.

말하는 사람이 어떤 내용을 이야기할 때는 듣는 사람의 머릿속에서 그 장소의 모습이 이미지로 떠오르게 하는 것이 중요하다. 말 잘하는 사람으로 타인에게 인정받기 위해서는 자신이 하고 싶은 말(주제)과 관계 있는 부분만 구체적으로 표현해서 이해시키려는 노력을 해야 한다.

Pick
06

미소는 호의의 또 다른 표현이다

우리는 우리가 지닌 버전에 모든 것을 걸었다.
우리는 늘 다음에 대한 꿈을 꾼다.
— 스티브 잡스

．
．
．

기분 좋게 웃음 짓는 사람의 환한 얼굴은 열 마디의 말보다
훨씬 큰 효과가 있다. 미소는 곧 호의의 표시이다. 얼굴에 미
소가 가득한 얼굴을 대하면 편한 마음을 갖게 되는 것이 인간
이다.

사람들은 스티브 잡스의 프레젠테이션 방법에 대해 많은
연구를 한다. 다양한 기술들을 밝혀내고 이론화시키고 있다.
그런데 프레젠테이션의 가장 기본이며 스티브 잡스가 가장
신경 쓰는 것을 묵과하고 있다. 그것은 '미소'다. 스티브 잡스
는 청중들이 편안하고 쉽게 이해할 수 있는 프레젠테이션을
선호한다. 그러기 위해서 그가 선택한 것이 미소다. 미소는 불
안감과 긴장을 풀어주는 특효약이기 때문이다.

인간이란 모르는 사람과 만날 때, 어떤 불안감 같은 것을

느끼게 되는 법이다. 개나 고양이도 그렇다. 모르는 고양이끼리는 등을 구부리고 경계하면서 조심스럽게 접근한다. 그러다가 어느 사이에 서로 친구가 되는 것이다.

사람과 사람 사이에서 이러한 불안감을 해소시켜주는 것은 만나자마자 미소로 나타내는 말 없는 환영이다. 미소는 호의의 표현이기 때문이다. '당신과 만나게 되어 반갑습니다.' 또는 '당신과 이야기하게 되어 기쁩니다.'라는 것을 의미한다.

상대가 나에게 호감을 느끼게 하는데 웃음만큼 효과적인 방법도 드물다. 특히 비즈니스 현장이나 직장생활에서 적절하게 웃음을 활용하면 예상치도 않았던 놀라운 결과를 낳게 된다.

가령 처음 보는 사람과 비즈니스 관계로 마주 보고 회의를 하게 된다거나, 중대한 PT가 걸린 사안을 놓고 미팅을 갖게 되었을 때, 너무나 진지한 나머지 초긴장 상태로 아이디어가 제대로 떠오르지 않을 때 누군가 웃기는 이야기로 순식간에 좌중을 웃음바다로 만들고 나면 긴장이 확 풀리면서 비로소 창의적인 제안이 샘솟듯 나올 때가 있다. 이때는 없었던 친밀감마저 생겨나 그야말로 일석삼조의 놀라운 효과를 얻게 된다. 그 밖에도 친구와 서먹한 사이였다든가 애인과 사소한 다툼으로 말도 안 하던 어색한 분위기일 때 갑자기 어느 한

쪽에서 웃음을 터트리고 나면 그걸로 모든 게 상황 종료되고 만다.

긍정대화법의 3가지 규칙

사람의 마음을 움직이는 기술은 많은 훈련과 노력이 필요하다. 그리고 많은 경험이 필요하다. 여기서 말하는 경험은 다양한 사람들과의 대화 경험이다. 사람의 마음을 움직이는 기술 중 효과적인 방법의 하나는 공감을 통한 긍정대화이다. 여기서 말하는 긍정은 무조건적인 찬성이나 Yes가 아니다. 불만, 거절 등까지 긍정적 형태로 타인에게 전달하는 의사소통의 기술을 말한다.

직장이나 일상생활에서 부정, 거절, 비꼬는 말, 즉 상대와의 단절을 의미하는 말은 긍정적으로 바꿔서 말하는 습관을 몸에 배게 해야 한다. 가령 '가망 없다'는 '가능할 수도 있겠다'로, '고집이 세다'는 '주관이 확고하다'로, '낙오자'는 '예비 성공자'로, '못 해 먹겠다'는 '지금은 때가 아니다'로 바꿔 말하도록 하자.

또한 '부당하다'는 '타당성이 약간 부족하다'로, '실패'는 '재

도전'으로, '위기'는 '기회'로, '집어치우고 싶다'는 '끝까지 해 보고 싶다'로, '할 수 없다'는 '시간이 걸린다'고 말하다 보면 성공적인 직장인의 마인드를 지니게 될 것이다.

긍정대화법의 3가지 규칙
첫째, 대화를 시작할 때 '너'가 아니라 '나'로 시작한다.
둘째, 불만이 아니라 소망을 표현한다.
셋째, 문장 내에 긍정적인 감정 단어를 포함시킨다.
특히 위기의 상황에 닥쳤을 때 부정적이거나 마음의 여유가 없는 사람들은 자신의 불행을 한탄하며 어찌해야 할 바를 몰라 부정적으로 말한다. 하지만 마음에 여유가 있는 사람은 불리한 상황을 바꾸기 위해 긍정적 표현으로 바꾸어 사용한다.

따뜻한 대화의 조건

좋은 분위기에서 대화를 하기 위해서는 무엇보다 웃는 얼굴로 상대에게 먼저 다가서야 한다. 웃는 얼굴에 침 못 뱉는 다고 했던가. 기분 좋게 웃음 짓는 사람의 환한 얼굴은 열 마디의 말보다 훨씬 큰 효과가 있다. 상대에게 미소로 다가서며

친근하게 몇 마디 얘기를 나누다 보면 상대방은 우선 편안한 마음을 갖게 되고 자신이 먼저 마음을 열고 말하는 사람의 의도를 파악하고자 한발 다가서게 된다. 미소와 따스함으로 서로에게 진지하게 다가간 상황의 대화는 대화의 분위기도 좋고 두 사람도 더욱 친근한 관계로 발전하게 된다.

미소가 생활화된 사람은 인생을 대하는 자세도 긍정적이다. 긍정적인 마인드가 웃는 얼굴로 표현되고, 웃는 얼굴은 다시 긍정적인 마인드를 만들어 기분 좋은 선순환이 이루어지게 한다. 행복해서 웃는 게 아니라, 웃다 보니 행복해지는 것이다.

어느 날 오프라 윈프리 쇼에 한 포르노 배우가 출연했다. 그 배우는 오프라와 인터뷰를 나누면서 그동안 자신이 포르노 배우라는 직업 때문에 얼마나 힘든 나날들을 보냈는지를 토로하였다. 그러다 그만 자신의 감정에 스스로 복받쳐 올라 갑자기 울음을 터트리고 말았다. 그간의 고생이 얼마나 심했던지 그녀는 스튜디오가 술렁거릴 정도로 흐느껴 울어 인터뷰가 잘 진행되지 않을 정도였다. 다른 앵커 같았으면 출연자를 잠시 다독거리고 잠시 쉬는 시간을 가졌을 테지만 오프라는 전혀 그러지 않았다. 그저 그녀가 충분히 눈물을 흘리도록 가만히 앉아서 기다려주었다.

그러고는 초대 손님이 어느 정도 울음을 그치자 그녀는 생뚱맞게 "쓰리지 않나요?"라고 물었다. 그러자 청중도 초대 손님도 잠시 무슨 말인가 싶어 약간의 침묵이 흐르다가 이내 스튜디오는 웃음바다로 변해 버렸다. 단어 자체만 보면 토크쇼에 어울리지 않는 표현이지만 마음의 쓰라림을 묻는 것인지, 많이 울어서 눈이 아픈지 모를 뉘앙스 때문에 스튜디오는 금방 빵 터지고 말았던 것이다. 오프라는 우울하고 무거운 주제도 특유의 유머와 재치로 그녀만의 인간미 넘치는 진행 솜씨를 보여주었었다. 오프라의 이 한마디로 세트장은 이내 밝아져 남은 시간 동안 즐겁게 방송할 수 있었다.

인간은 누구나 어두운 것을 싫어한다. 인간은 본능적으로 어두운 것에 혐오감을 느끼기 때문이다. 이 세상의 슬픔을 자기 혼자 짊어지고 있는 듯한 얼굴을 보면 주위 사람들까지 슬퍼진다. 값비싼 액세서리를 달고, 유행하는 옷을 입었더라도 어두운 얼굴에는 호감을 느낄 수가 없다. 비록 누더기를 걸쳤다 하더라도 미소를 띠고 있는 사람은 주위 사람들까지 즐겁게 한다.

"미소요? 그게 뭐 그렇게 대단한 것입니까?" 하고 쉽게 말하는 사람이 있다. 그러고는 얼굴의 근육을 움직여 입꼬리를 올려 보인다. 그러나 그런 표정은 마음속으로부터 우러나는 미소가 아니다. 미소란 상대에게 호감을 가지고 있다는 마음의 표현인 것이다.

"나는 유쾌하지 못하므로 표정이 어둡습니다."라고 말하는 사람도 있다. 이것은 분명한 사실이다. 그러나 세상은 당신 혼자서 살아가는 것이 아니다. 당신이 유쾌하지 못하다 해서 주위 사람들까지 유쾌하지 못하게 만들 권리는 없다.

"슬프기 때문에 우는 것이 아니라 울기 때문에 슬픈 것이다."라는 미국의 심리학자 윌리엄 제임스의 말을 생각해보자.

처음 짓는 미소는 가면일지 모른다. 그러나 이것은 마침내 당신의 실체가 된다. 호의를 완벽하게 나타내는 것은 당신의 넘쳐흐르는 미소임을 잊지 말자. 만약 과도한 긴장이나 부담감으로 미소를 짓기 어려운 자리라면 입을 이가 살짝 드러날 정도로만 벌리는 것도 좋은 방법이다. 상대방이 보기에 마치 미소를 띠고 있는 것처럼 보이기 때문이다. 그리고 무거운 분위기를 가라앉히고 화기애애하게 대화를 이끌고 싶다면 나이가 많거나, 직급이 높은 사람, 손님보다는 주인이 먼저 웃어야 한다.

매너가 좋은 사람이 말도 잘한다

우리는 우리가 만들 수 있는 가장 좋은 결과를 원한다.
그러기 위해서는 아름다운 기준과 높은 품질이
제품의 모든 부분에
샅샅이 적용되어야 한다.
— 스티브 잡스

매너가 좋은 사람은 말하는 데 있어서도 상대를 편안하게 해주고, 상대를 존중하는 말투로 겸손하게 자신을 낮출 줄 아는 사람이다. 매너 있는 말을 구사하는 사람과 대화를 하고 있으면 상대는 '이 사람 참 괜찮은 사람이구나' 하는 느낌이 들게 된다. 바로 여기서 경쟁력이 생기는 것이다.

적어도 상대가 말하는 사람의 어투에서 긍정적인 호감을 보이게 되면 가급적 말하는 사람의 의도를 긍정적으로 해석하려는 경향을 보이게 된다. 듣는 사람이 말하는 사람을 매너 있는 사람으로 인정하게 만들려면 먼저, 상대가 귀로 들을 수 있게끔 노력해야 하며, 다음으로 태도와 표정, 눈으로 듣게끔 노력해야 한다. 마지막으로는 말하는 사람의 어조를 듣게끔 한다. 상대가 말하는 사람의 의도를 보다 깊은 호감으로 받아들일 수 있게끔 하기 위해서는 듣는 사람이 맞장구를 치며 상당한 관심을 기울일 수 있을 만큼 깊은 감동으로 상대의 마음에 파고들어야만 한다. 그러기 위해서는 듣는 사람의 자존심을 세워주면서 분위기를 이끌어나갈 수 있는 보다 높은 차원의 진지한 대화가 우선되어야 한다. 이 단계까지 대화가 무르익어가면 상대방은 당신을 '함께 이야기할 수 있는 사람'으로 인정하게 될 것이다.

"여러분이 사랑하는 일을 찾아보세요. 사랑하는 사람이 내게 먼저 다가오지 않듯, 일도 그렇습니다. 사랑하는 일은 스스로 찾아야 합니다. 인생의 대부분은 '일'이 차지하죠. 그리고 그 속에서 진정한 기쁨을 누릴 수 있는 방법은 스스로가 위대한 일을 하고 있다고 자부하는 것입니다. 자신의 일을 위대하다고 자부할 수 있을 때는, 사랑하는 일을 하고 있는 그 순간뿐입니다. 지금도 찾지 못했거나, 잘 모를지라도 주저앉지 마세요. 포기하지 마세요. 온 마음을 다하면 반드시 찾을 수 있습니다."

— 2005년 6월 12일 〈스탠퍼드대학교 졸업식 연설〉

꼰대미와 매너미

나이가 들수록 꼰대미가 아닌 매너미가 있어야 한다. 나이를 먹을수록 나이에 맞는 처신을 하고, 사회적인 지위에 맞는 책임을 질 줄 아는 것이 바로 '매너'이다. 매너 있게 말하는 사람들은 말 한 마디를 하더라도 그만의 독특하고 우아한 분위기와 고유의 느낌이 말하는 가운데 진하게 묻어나온다. 이런 사람의 말은 왠지 가볍게 대꾸하기보다는 하나라도 더 깊이 있게 생각해서 대응해야 할 것 같은 진지한 대화의 필요성을 느끼게 한다.

효과적으로 대화하기 위해서는 말할 때 지적이고 우아한 이미지로 상대에게 다가서는 것도 중요하다. 그 이미지가 대화에도 긍정적인 영향을 주기 때문이다.

관계에서 나온다

인간의 매력이란 대화의 매력이라고도 할 수 있다. 대화 중에 그 사람의 진정한 모습이 나타나기 때문이다. 이야기하면 할수록 매력이 더해지는 사람이야말로 '진짜 인간다운 인간'이다.

매너 없는 말투, 상식에 어긋난 이야기가 튀어나오는 사람에게는 아무리 얼굴이 곱게 생기고, 멋진 몸매라 하더라도 진정한 '아름다움'을 느낄 수 없다. 얼굴은 화장을 통해 다른 사람으로 분장할 수가 있지만, 그 사람이 하는 말은 치장할 수가 없기 때문에 곧장 그 마각을 드러내게 마련이다.

우아한 표현을 사용하는 사람은 반드시 우아한 행동을 한다. 우아한 언어와 행동으로 그 사람의 매력을 한층 더 배가시켜준다.

용무가 있어 회사에 방문한 손님을 앞에 두고 이렇게 연락하는 사원이 있다.

"누가 와서 당신을 찾는데, 어떻게 할까?"

만약 방문한 손님이 말하는 사원보다 연장자인데 '와서' '찾는데'라는 말을 사용한다면 그것은 곧 그 사람의 매너에 문제가 있다는 것이다. 이런 사람일수록 번연히 '경로석'이라는 푯말이 붙어 있는 좌석에 앉아서 옆에 있는 노인을 못 본 체할 사람이다. 무거운 수레를 끌고 허우적거리며 언덕길을 올라가는 사람을 보고도 밀어줄 생각도 하지 않을 사람이다.

매너 있게 말하고 행동할 때 주위 사람들로부터 호감과 신뢰를 얻게 된다. 매너 있게 말하기 위해서는 인간에 대한 애정이 있어야 한다. 매너는 사람과 사람의 관계에서 나오는 것이기 때문이다.

나를 사랑하는 것부터 시작하자!

　지구상에는 다양한 인종과 70억 명의 많은 사람이 더불어 살고 있다. 물론 이렇게 많은 사람 중 규칙적으로 보는 사람들과 불규칙적으로 만나는 사람들이 있다. 사람과 사람의 만남에 있어서 가장 중요한 것은 서로 '다름'을 인정하는 것이다!

　있는 그대로 타인을 바라보기 위해서는 먼저 자신을 제대로 볼 줄 알아야 한다. 내가 싫어하는 나의 단점을 생각해보자. 자신의 단점을 잘 알고 있으면서도 스스로 고치지 못하는 것을 발견할 때면 한심하게 느껴진다. 내 단점도 고치기 어려운데 타인의 단점을 탓하며 고치려고 한다면 얼마나 힘들까. 사람의 마음은 어느 정도 바꾸고 변화시킬 수 있지만, 어른이 될 때까지 오랜 세월에 걸쳐 형성된 성격은 쉽게 고치기 어렵다.

반대로 자신의 장점을 나열해보자. 몇 개나 나열할 수 있을까?! 아마 이 책을 읽고 있는 사람이라면 '난 장점이 없는데!' 하고 생각할 것이다. 나 자신을 타인처럼 느껴보려고 노력해보자.

사실 장점과 단점은 동전의 양면과 같다. 당신은 말을 잘 못하는가? 그렇다면 당신은 말을 잘 들어주는 사람일 것이다. 말하는 상대방의 눈을 맞추고 고개를 끄덕이며 "그렇구나, 그 다음은 어떻게 됐어?" 하고 말이다. 자신이 단점이라고 여기는 것은 뒤집어서 생각해보면 얼마든지 장점이 될 수 있다.

자신의 단점을 극복하기 위해 노력하기보다 자신의 장점을 더 발전시켜보자. 말을 잘 못하는 사람이 달변가가 되기 위해 노력하기보다 잘 듣고 적재적소에 할 말을 잘하는 걸로 목표를 잡자.

소심했던 사람이 갑자기 대범할 수는 없다. 달라지기 위해서는 노력을 해야 한다. 영화 〈킹스 스피치〉에서 조지 6세가 말더듬 공포증을 어떻게 극복하는지 볼 수 있다. 꼭 달변이 아니더라도 듣는 사람들을 생각하는 진정성이 담긴 스피치에서 사람들이 감동을 느낀다는 것을 알 수 있다. 말만 잘하는 사람보다 표현은 서툴지만 진정성이 담긴 믿을만한 사람이라는 인상을 주는 것이 더 좋다.

사람들은 각자 말하는 방식이 다르다. 솔직하고 담백하게 말해서 들리는 그대로 받아들이면 되는 사람이 있는가 하면, 간접적으로 두루뭉술하게 말해 사람의 의중을 따로 파악해야 하는 사람이 있다. 당신은 어떤 사람인가?

자신의 마음을 잘 전달하고 싶다면 두루뭉술하게 표현하는 것보다 솔직하고 직접적인 화법이 좋다. 상대방이 오해할 수 있는 부분을 크게 줄일 수 있기 때문이다. 본인이 생각하기에 굉장한 달변가가 아닌 이상 두루뭉술하게 표현하지 않길 바란다.

세상의 모든 일은 아주 작은 관심에서부터 시작된다. 타인에 대한 관심이 존경이나 사랑으로 발전되고, 일에 대한 관심이 성취와 성공을 가져온다. 주변 사람들과의 관계 때문에 힘들다면 표현 방법을 바꿔보자. 조금씩 변화하려고 노력한다면 아주 작은 변화들이 모여서 큰 변화를 만들 것이다.

당신의 말투를 정리해 드립니다

초판 1쇄 발행 2020년 5월 27일

지 은 이 ㅣ 박지훈
발 행 처 ㅣ 이너북
발 행 인 ㅣ 이선이

편   집 ㅣ 심미정
마 케 팅 ㅣ 김   집
디 자 인 ㅣ 이유진

등   록 ㅣ 제 2004-000100호
주   소 ㅣ 서울특별시 마포구 백범로 13 신촌르메이에르타운 II 305-2호(노고산동)
전   화 ㅣ 02-323-9477 **팩   스** ㅣ 02-323-2074
E-mail ㅣ innerbook@naver.com
블 로 그 ㅣ http://blog.naver.com/innerbook
페이스북 ㅣ https://www.facebook.com/innerbook

ⓒ 박지훈, 2020
ISBN 979-11-88414-17-8 03320